김종철 감독의 이스라엘 바로 알기 시리즈 2
# 반유대주의와 마지막 때

김종철 감독의
이스라엘
바로 알기 시리즈

**2**

# 반유대주의와
# 마지막 때

김종철 지음

Brad Book

**들어가는 글**

전 세계에서 일어나고 있는 반유대주의 사건에 대해 관심을 갖고 나서부터 세계 언론의 기사를 들여다봐서일까? 미국과 유럽과 아시아 등 대륙과 국가를 가리지 않고 일어나고 있는 유대인을 향한 공격들은 거의 하루도 빼놓지 않고 인터넷과 언론에 등장하고 있다는 것을 알게 되었다. 강도의 차이는 있지만 우리나라도 예외는 아니다.

물리적으로 공격하는 것뿐만 아니라 정서적으로 공격하고 역사적으로 공격하고 경제적으로도 공격한다. 할 수 있는 모든 방법을 총동원해서 특정 민족을 향해 다각도로 공격하고 있다.

인류가 지구상에 존재하기 시작한 이후부터 지금까지 이렇게 오랜 시간 동안 시대와 국가와 민족과 종교를 뛰어넘어서 특정 민족을 향해 꾸준히 공격을 가하기도 쉽지 않을 텐데 그렇다. 이슬람 종교는 물론이고 가톨릭과 심지어는 기독교까지도 유대인을 향해 저주의 기도를 서슴지 않고 있다.

인구수로만 본다면 이스라엘 본토에 약 8백만 명의 유대인들과 해외에 살고 있는 1,200만 명의 유대인들까지 합치면 겨우 2천만 명에 불과한 민족을 인류는 왜 그렇게 오랜 세월 동안 미워하고 증오하고 없애버리려 하는 것일까?

아무리 숫자가 적고 또 영향력이 미미한 민족이라 하더라도 그런 취급을 받을 만한 민족은 그 어디에도 없을 텐데 유난히 유대인들을 향해서 만큼은 더욱 가혹하리만큼 증오의 대상이 되어 왔다.

하나님과 유대 민족과의 특별한 인연 때문에 그럴까?

'너희들은 특별하지 않아. 그것을 자랑하지 마. 너희들이 갖고 있는 특권 의식이 못마땅해. 너희들끼리 똘똘 뭉쳐서 살아가는 것도 맘에 안 들어.'

이런 말을 들으며 평생을 살아온 유대인들이 오죽하면 '하나님, 왜 하필 우리입니까? 다음에는 우리 민족 말고 다른 민족을…'이라는 말을 할까…

유대인을 향한 증오의 감정은 오랜 시간이 지나도 절대로 사그라들지 않고 세대를 이어 더욱 극심하게 전해져 왔다. 오히려 문명사회라고 하는 20세기와 21세기에 들어서 더욱 가혹해지고 있다.

왜 이러는 것일까? 왜 사람들이 이렇게 더욱 잔인해지고 가혹해지는 것일까?

과거의 역사 속에서 이해관계가 복잡하게 얽혀 있었던 사람들이라면 유대 민족을 향한 앙금이 남아있어서 그렇다 치더라도 아무런 연관도 없었던 한국 사람들은 왜 또 이스라엘과 유대인이라는 말만 들으면 본능처럼 몸서리를 치며 싫어하고 반유대주의 물결에 가세하는 것일까?

이념의 문제일까? 문화적 차이일까? 아니면 종교적 신념 때문일까? 그것도 아니면 유대인들이 돈 잘 벌고 똑똑하고 잘난 척하는 것 같아서 시기하는 마음 때문에 그런 것일까?

이 책에서는 그런 질문을 갖고 과거의 역사에서는 물론이고 현시대에서도 일어나고 있는 반유대주의 사건과 현상들을 집중적으로 들여다보았다.

유대인들이 어떤 식으로 증오의 대상이 되었으며 그 방식은 어떤 것들이었는지, 그리고 유대 민족이 갖고 있는 집단적인 트라우마는 어떻게 나타나고 있으며 이런 일들은 도대체 왜 일어날 수밖에 없는 것인지를 짚어보았다.

수많은 사례를 조사하고 집중적으로 들여다볼 때 그제야 보이는 부분이 있었다. 이것은 역사의 문제가 아니고 이해관계의 문제가 아니라 바로 영적 싸움이라는 사실이다.

반유대주의와 예수님의 재림과 직결되어 있다는 것이다.

분명히 다시 오시겠다고 하셨던 예수님은 그의 약속

대로 다시 오실 것이다. 그렇다면 예수님의 다시 오심과 반유대주의는 어떤 관련이 있는 것일까?

그리고 반유대주의는 하나님의 시간표 속에서 어떤 의미가 있는 것일까?

이 책을 읽기 전에 미리 부탁하건대 독자들이 그동안 어떤 것들을 알고 있었고 어떤 것이 진실이라고 믿어왔었든지 간에 그동안 우리가 알아 왔던 것이 전부는 아니고 우리가 그동안 듣고 배워 왔던 역사가 전부 진실은 아니라는 사실을 알아야 한다.

물론 쉬운 일은 아니었다. 때로는 나 자신도 유대인을 학살하는 데 앞장섰던 기독교인이라는 사실이 불편했지만 그런 사실을 역사적 자료를 통해 알게 되었고, 이제서야 몰랐던 부분들이 정리되었다는 것이 부끄러웠다.

나는 이 책을 통해 유대 민족에 대한 무조건적인 동정심이나 연민의 감정을 호소하려는 것이 절대 아니다. 지금도 줄어들지 않고 있으며 거대한 쓰나미라고 표현해도 부족하지 않을 만큼 몰아닥치고 있는 반유대주의는 한마디로 사탄의 전략이다.

마음속에 그리고 머릿속에 머리카락 한 올 만큼이라

도 이스라엘을 증오하거나 유대인들을 반대하는 반유대주의의 마음을 갖게 된다면 그것은 사탄이 그렇게도 원했던 영적 전쟁에서 승리하는 길이며 사탄의 하수인이 되는 것이다.

왜 이렇게 단언할까? 그 이유가 이 책에 담겨있다.

김종철 감독

목차

들어가는 글    04

1장
# 세계는 지금 반유대주의 열풍

01 할례식에서 벌어진 비극                           15
02 생중계로 방송된 유대인 증오 범죄                  23
03 유대인들은 지옥에나 가라                          27
04 우리는 우리가 한 일을 모른다                      37
05 참혹했던 예드바브네 사건                          52
06 유대인의 가슴을 후벼 판 의류 회사                  66
07 유대인들이 예수를 안 믿는다고? 그럼 죽어!          76
08 말레이시아 총리, 반유대주의자인 것이 자랑스럽다?   87
09 아시안 컵에서 왜 이스라엘을 볼 수 없는가?        102
10 유대인이 만든 건 팔지도 사지도 말자              107
11 UN이 벌이고 있는 반유대주의                     121
12 유네스코도 예외는 아니었다                       135

## 2장
# 반유대주의는 왜 생기는 것일까?

01 반유대주의는 사탄의 전략   157

02 사탄이 선택한 인물 콘스탄티누스   169

03 십자가를 앞세운 만행   191

04 이 모든 게 유대인 때문이야   196

05 사탄이 선택한 인물 무함마드   200

06 반유대주의자 마르틴 루터   217

07 하나님의 마음을 아프게 하는 반유대주의   232

08 그럼에도 불구하고 예수님은 다시 오신다   245

**참고문헌**   255

# 1장
## 세계는 지금 반유대주의 열풍

**01**

# 할례식에서 벌어진 비극

2018년 10월 27일 오전, 미국 펜실베이니아주 피츠버그의 한 유대교 회당에서는 150여 명의 유대인들이 모여 안식일 예배를 드리고 있는 중이었다.

그들 중에 75명은 또 다른 방에서 며칠 전 태어난 아이들의 할례식을 진행하고 있었다.

이때 46살의 백인 남성 바우어스가 갑자기 나타나 손에 들고 있던 AR-15 소총으로 그 안에서 할례식을 진행하고 있던 유대인들을 향해 극도의 증오의 표정으로 "모든 유대인은 죽어야 한다. 모든 유대인은 사탄의 자식들"이라고 외치며 수 분 동안 총을 난사했다.

회당 안은 순식간에 아비규환이 되었고 여기저기에서 비명 소리가 들려 나왔으며 화약 냄새와 사방의 벽에는 총에 맞은 사람들의 피가 뿌려졌다.

신고를 받은 경찰들이 10분 만에 현장에 도착했고 경찰과 마주친 바우어스는 회당 건물의 3층 방에서 교전을 벌이다가 결국 총상을 입은 뒤 투항하며 이 끔찍한 비극은 막을 내렸다.

그러나 이 총격 사건으로 인해 이미 11명의 유대인들이 목숨을 잃었고 6명이 큰 부상을 입은 뒤였다.

이 사건을 조사했던 미국 FBI는 바우어스가 분명히 토요일 오전에 유대인들만 모여 예배를 드리고 있는 회당에서 범행을 저지른 것으로 보아 그리고 경찰과 총격전을 벌이는 과정에서도 범인의 입에서 유대인들을 향한 증오의 발언을 계속 쏟아 낸 것으로 보아 전형적인 반유대주의자의 범행으로 판단했다.

바우어스는 평소에도 극우 인사들이 많이 사용하는 사이트에 반유대주의 성향의 글을 많이 올렸던 것으로 알려졌다.

한마디로 이 사건은 극단적인 반유대주의자의 유대인에 대한 혐오 때문에 벌어진 사건이었다.

이 끔찍한 사건이 벌어진 후 정확히 6개월 뒤인 2019년 4월 27일 유월절 마지막 날, 미국 캘리포니아 샌디에이고 인근 파웨이시의 한 유대교 회당에 100여 명의 유대인들이 모여 있을 때, 19살의 청년 존 어니스트가 회당에 난입해서 M16 총기를 난사해 유대인 여성 1명이 그 자리에서 숨지고 4명이 부상을 당하는 사건이 또다시 일어났다.

불행 중 다행으로 어니스트의 총에 문제가 생겨 더 이상 발사되지 않았고 자신이 타고 왔던 자동차에 올라탄 후 고속 도로를 이용해 도주하다 뒤쫓던 경찰들에 의해 체포되었는데 그의 조수석엔 방금 전 유대인들을 향해 난사했던 총이 발견되었다.

이 사건은 이보다 앞서 보름 전 뉴질랜드 크라이스트처치 테러 등 반유대인 공격이 연달아 일어나는 가운데 발생했는데, 존 어니스트는 50명 가까이 숨진 뉴질랜드 크라이스트처치 테러에서 영감을 받아 범행을 저지른 것으로 알려졌다. 이 사건 역시 전형적인 반유대주의 증오 범죄였다.

미국에서의 유대인을 향한 증오 범죄는 여기서 멈추지

않았다.

2019년 7월 28일, 캘리포니아 북부 지역 길로이 마을에서 매년 열리던 마을 축제가 진행되었고 이날은 그 축제의 마지막 날이었다. 수많은 사람들이 이 축제를 즐기기 위해 모여 있었고 한쪽에선 축하 공연이 진행되고 있었으며 또 다른 한쪽에선 마늘과 관련된 음식들을 먹으며 축제의 대단원을 향해 분위기가 최고조에 이르고 있었다.

바로 그때 오후 5시 반쯤 한 청년이 펜스를 자르고 축제 장소로 진입하여 AK-47 소총으로 사람들을 향해 무차별적으로 총격을 가하기 시작했다.

축제장을 가득 메운 악기 소리와 폭죽 소리 때문에 처음엔 총격 소리를 제대로 듣지 못했지만 여기저기서 비명을 지르고 피를 흘리며 쓰러지는 사람들이 생기자 축제장은 순식간에 아수라장이 되었다.

여기저기서 들리는 비명 소리와 도망을 치기 위해 테이블을 넘어가다 쓰러진 사람들과 펜스를 넘기 위해 올라갔다가 떨어지는 사람들까지 생기면서 흥에 겨운 축제장이 전쟁터를 방불케 하는 상황까지 이어진 것이다.

이 사건으로 현장에서 3명이 숨지고 15명이 다쳤고 범인은 그 자리에서 경찰의 총에 맞아 숨졌다.

경찰의 조사에 의하면 이날 총을 난사한 19살의 윌리엄 리건이라는 청년은 총격을 벌이기 전 자신의 집에서 SNS에 『힘이 정의다(Might is Right)』라는 책 사진을 올리며 이 책을 꼭 읽기 바란다는 글도 올렸다고 한다.

1890년에 출간되었던 이 책은 예수야말로 인류 최악의 선동가이며 예수와 그의 현대판 제자들이 신과 국가 사제와 정치가를 마치 쌍둥이처럼 엮어 수많은 사람들을 노예로 부려 왔다는 내용으로 쓰여져 있으며 주로 반유대주의 내용으로 가득 찬 것으로 알려졌다.

이 사건 역시 전형적인 반유대주의 증오 범죄였다.

2019년 12월 28일 미국 뉴욕주 몬시에서 유대교의 명절인 하누카를 맞이하여 하누카 식사를 하던 한 랍비의 집에 그래프턴 토머스라는 청년이 침입했다. 그러고는 문을 안에서 잠근 뒤에 "너희들 중에 아무도 밖으로 나갈 수 없다"라고 외친 뒤 흉기를 휘두르며 무차별로 공격하여 5명이 부상을 당했다. 용의자는 랍비의 집 옆의 유대교 회당까지 진입하려 했지만 그 시도가 불가능하게 되자 자신이 몰고 왔던 차를 타고 도주했다. 용의자는 나중에 뉴욕에서 체포되었는데, 그는 온라인에서 '히틀러'나 '나치' 등을 검색한 것으로 조사됐다.

최근 들어 미국에서 발생하는 이런 반유대주의 증오 범죄는 사실 어제 오늘만의 일이 아니었고 이전에도 빈번하게 일어났던 사건 중 하나에 불과하다.

2016년 말에는 뉴욕과 코네티컷의 유대인 묘지에서 낙서가 발견되었고 2017년 2월 20일에는 미주리주 세인트루이스의 유대인 공동묘지에 있던 비석 170여 개가 파손되는 사건이 일어났다.

그 후 2월 26일 미국 필라델피아의 유대인 공동묘지에서 100개에 가까운 묘지석이 훼손되는 사건도 일어났다.

그 사건이 일어난 후 미국 10개 주의 유대인 주민 센터 11곳에 폭탄 테러 협박 전화가 걸려와 주민들이 대피하는 일도 일어났었다.

1915년 설립되어 백 년의 역사를 가진 미국의 유대계 시민 단체인 ADL(Anti-Defamation League)의 발표에 따르면 2017년에 들어서만도 미국에서의 반유대주의 사건이 역대 전례가 없는 수준으로 급증했다고 한다.

2017년 1월에서 3월까지 불과 3개월간 미국에서 일어난 반유대주의 사건 발생 수는 총 541건으로 집계됐으며 이는 2016년 같은 시기에 일어난 사건에 비하면 86% 늘어난 수치라고 밝혔다.

* 미국 필라델피아 유대인 공동묘지에 쓰러져 있는 묘지석들
* 뉴욕의 지하철에 그려진 '유대인들은 오븐에 있어야 한다'는 낙서

이 연구에 따르면 미국 전역의 대학 캠퍼스에서는 이 같은 유대 혐오 사건이 45% 증가했다고 한다.

전 세계에서 이스라엘 다음으로 유대인들이 가장 많이 살고 있는 나라가 미국이며 정치, 경제, 문화 등 사회 곳곳에서 수많은 유대인들이 자리를 잡고 활동하고 있는 나라가 미국인데 이런 미국 땅에서 이렇게 반유대주의 범죄가 끊이지를 않고 있으니 다른 나라들은 오죽할까?

## 02

# 생중계로 방송된
# 유대인 증오 범죄

2019년 10월 9일 12시, 독일 동부 도시 할레의 한 유대교 회당에도 80여 명의 유대인들이 욤 키푸르(대속죄일)를 기념하여 예배를 드리기 위해 모여 있었다. 이때 군복을 입고 머리에는 헬멧을 쓴 27세의 독일 청년이 총을 들고 회당 안으로 들어가려는 것을 회당 밖에 있던 사람들이 발견하고 들어가지 못하도록 막아섰다.

그러자 이 청년은 회당 밖에서 들고 있었던 총으로 사람들을 향해 난사하기 시작했고 그 자리에서 두 명이 사망하고 여러 명이 총상을 입고 쓰러졌다.

더 놀라운 것은 이 청년이 자신의 범행을 아마존이 운영하는 게임 스트리밍 플랫폼인 '트위치'를 통해 35분간이나 생중계를 했다는 것이다. 그뿐만 아니라 범인은 홀로코스트는 사실이 아니라 조작된 내용이라고 주장하면서 방송을 했다고 한다. 이 생방송은 2,200명이 시청했는데 나중에 이 영상은 삭제되었지만 이미 많은 사람들에게 확산된 상태였다.

2018년 4월 17일 베를린에서는 키파를 쓴 유대인 청년 2명이 길거리에서 행인 3명으로부터 묻지마 폭행을 당했고 그 영상이 공개되기도 했었다. 범인은 팔레스타인계 시리아 난민이었다고 한다.

독일은 홀로코스트에 대해 깊은 반성을 해 온 나라였기 때문에 이번 유대인들을 향한 공격은 독일 사회에 큰 충격을 주는 사건이었다.

이뿐만이 아니었다.

그로부터 3일 뒤 독일 남부 콘스탄츠의 한 극장에서는 아돌프 히틀러의 생일을 기념해 나치의 상징을 가져오는 관객에게 무료 입장 혜택을 제공하는 이벤트가 열렸다.

같은 달 초에는 홀로코스트 희생자를 조롱하는 가사를

히틀러의 생일 축하 케이크

쓴 래퍼 2명이 독일 최고 권위 음악상인 에코상을 수상했다. 베를린의 학교들에서 반유대주의적 모욕과 위협, 유대인 따돌림이 벌어지고 있으며, 일부 학교에서는 이스라엘 국기를 불태우기도 했다.

유대인 차별을 감시하는 '반유대주의 정보·연구 센터'는 2017년 한 해 동안 베를린에서만 공격 18건, 위협 23건 등 947건의 반유대주의 사건이 발생했다고 발표했다. 이는 전년도보다 반유대주의 사건이 20% 이상 증가한 숫자이며 독일인들 중에 15%가 반유대주의자들이고 20%가 잠정적으로 반유대주의를 지지한다고 보도했다.

그래서 그랬을까? 2018년 4월 24일 독일의 유대인 중앙 위원회 위원장인 요제프 슈스터는 베를린 공영 라디오에 출연해서 "유대인들은 더는 공개적인 장소에서는 키파(유대인을 상징하는 머리에 쓰는 작은 모자) 착용을 자제해야 한다."고 말하기도 했다. 반유대주의 물결이 독일 전역을 뒤덮고 있는 상태에서 유대인들 스스로 보호하기 위한 자구책으로 결국은 키파를 쓰지 말자고 권고하는 상황까지 이르게 된 것이다.

프랑스와 영국도 예외는 아니었다.

## 03

## 유대인들은
## 지옥에나 가라

2006년 1월 프랑스 파리의 휴대폰 가게에서 아르바이트를 하던 일란 할리미Ilan Halimi라는 23살의 유대인 청년은 그 가게로 휴대폰을 구입하러 왔던 여성과 만나기로 약속하고 퇴근 후 데이트를 하러 나갔다. 하지만 그 이후에 일란은 행방이 묘연해졌고 연락이 두절되었다. 한 달 뒤 일란은 이불에 둘둘 말려진 채로 파리 교외의 기찻길에서 발견되었다. 그는 옷이 벗겨진 채로 손목엔 수갑이 채워져 있었으며 온몸에 불에 덴 자국과 담뱃불 자국이 가득했다.

일란은 병원으로 후송되었지만 병원에 도착하기 전에 숨을 거두었다.

도대체 누가 이런 끔찍한 짓을 했을까?

경찰은 처음에 단순 강도 사건으로만 생각했었다. 하지만 이 사건의 범인이 잡히고 난 뒤에 프랑스 사회는 경악하지 않을 수 없었다.

25살의 이란 출신인 야세프 포파나와 17살의 젤다라는 여성을 비롯해 남자 18명, 여자 9명 등 최소한 27명이 이 범죄에 가담했을 뿐만 아니라 그들은 일란을 납치해서 갖은 방법으로 고문했고 결국 그의 목숨을 앗아갔다.

범행의 동기는 단지 일란이 유대인이기 때문이었으며 유대인은 돈이 많을 것 같아서 범행을 저질렀다는 것이다. 이 사건의 수사 과정을 뉴스와 언론을 통해 매일 접하던 프랑스 국민들과 특히 프랑스에 살고 있었던 유대인들은 유대인을 향한 증오 범죄가 이렇게까지 끔찍하게 발전하고 있다는 사실에 대해 충격에 빠졌고, 분노와 동시에 두려움마저 갖게 하는 사건이었다.

이 사건은 훗날 프랑스의 작가에 의해 다큐멘터리 소설로 출간되었고 영화로 만들어지기도 했다.

일란 할리미의 스토리를 소재로 한 영화

프랑스에서 유대인을 향한 증오 범죄는 그 이후에도 줄어들지 않았다.

2012년에는 프랑스 남서부 툴루즈의 한 유대인 학교에 자신을 알카에다의 일원이라고 밝힌 모하메드 므라라는 남자가 침입하여 총기를 무차별 난사해서 히브리어 교사와 그의 두 아들 및 학생 등 4명이 숨지고 다수의 학생들이 부상을 당하는 사건이 발생했다.

그 사건이 일어난 직후 파리의 한 유대교 회당에는 협박 편지가 배달되었는데 그 안에는 유대인을 '사탄'이라고 칭하며 "지옥에나 가라"는 내용이 들어 있었다.

2015년에는 프랑스의 유대인 전용 식료품점인 코셔 마켓에 ISIS와 연계된 이슬람 극단주의자들이 침입해 유대인 4명을 살해하고 유대인 공동묘지의 무덤 250여 개가 훼손되는 사건이 일어났는데 묘비엔 나치의 마크와 더불어 "유대인은 나가라"는 글씨가 쓰여 있었다.

같은 해 발생한 프랑스의 바타클랑 극장 사건은 정말 끔찍했었다.

유대인이 극장의 주인이었던 이곳에서 미국의 록밴드 이글스 오브 데스메탈이 공연을 하고 있을 때 반유대주의자가 난입해 총기를 난사해서 약 100여 명의 사람들이 목숨을 잃는 사건이 발생했다.

이때에는 바타클랑 극장뿐만 아니라 파리 시내 6곳에서 여러 명이 가담해 동시다발로 테러가 벌어지기도 했다.

테러가 일어난 후의 바타클랑 극장 내부와 나치 마크

2017년 4월엔 유치원 교사였던 66세의 유대인 여성 사라 할라미가 폭행으로 살해된 뒤에 창문 밖으로 던져지는 끔찍한 사건이 일어났다.

프랑스 파리 교외의 사셀스에서는 유대교 예배당이 괴한 400여 명의 화염병 공격을 받는 등 이 사건 이후로만 유대교 시설 8곳이 피해를 겪었다.

유대교 시설을 공격하고 주변 상점을 약탈한 괴한들은 "유대인에게 죽음을…" 등의 반유대 구호를 외쳐 50만 명에 이르는 프랑스 유대인 사회를 불안 속에 몰아넣었다.

2018년 3월 26일에는 프랑스 파리 제11구 아파트에서 홀로코스트 생존자 85세 유대인 여성 미레 놀이 불에 탄 채 발견이 되었는데 시신을 부검한 결과 흉기에 열한 차례나 찔린 흔적이 있었다고 한다.

프랑스에서는 2014년에 유대인을 향해 일어나는 공격이 전체 증오 범죄의 51%를 차지했고 2018년 4월 이후 66건의 반유대 증오 범죄가 보고되었으며 관련된 시설물 낙서도 급증하는 것으로 나타났다. 현재 프랑스에서 살해당하는 전체 피해자들 중에 3분의 1이 유대인이라는 통계도 나와 있다.

프랑스 유대인 보호 운동 학회에 따르면 유대인 대상 증오 범죄는 1990년대보다 2000년대 들어 7배 증가했으며, 2018년에 반유대주의 증오와 폭력 사건이 74%(541건) 증가했다고 발표했다.

그뿐만 아니라 반유대 성향의 극우 정당인 국민 전선의 영향력 확대로 2018년에는 전년보다 72% 증가한 1,407명의 유대인이 프랑스를 떠났는데 2019년 들어서는 5월까지 2,250명이 이 대열에 합류해 가파른 증가세가 지속되고 있다.

유대인을 향한 증오 범죄는 영국도 피해가지 않았다. 2016년 4월 영국의 노스 래너크셔 코트브리지North Lanarkshire Courtbridge에 살던 청년 마크 미찬은 애인의 반려견에게 텔레비전으로 유튜브 영상을 보여 주면서 '유대인에게 가스를' 그리고 나치 구호인 '지크 하일(승리를 위해)'이라는 소리가 나오면 반려견의 앞발을 들어 올려 나치 경례를 시키는 영상을 유튜브에 올리기도 했다.

경찰에 체포된 이 청년은 여자친구를 괴롭히기 위해서 그런 것일 뿐 나쁜 의도로 그런 것이 아니었다고 밝히기는 했지만 이 영상은 이미 3백만 회 이상의 조회 수를 기록한 뒤였다.

일부에서는 표현의 자유를 너무 제약한다는 반론도 있었지만 영국 법원은 이 청년의 행동을 장난을 가장한 반유대주의 혐오 범죄라고 판결하고 유죄를 선고한 것이었다.

영국에서는 2018년 반유대인 증오 사건이 1,652건을 기록했는데 이는 전년 대비 16%가 증가한 수치다.

영국 내 반유대주의Anti-Semitism와 관련해 신고가 들어온 사건의 수가 지난해 크게 증가해 최대치를 기록한 것으로 나타났다.

영국내 유대인 공동체인 지역 사회 안전 기구 CST(Community Security Trust)에 따르면 2018년 영국에서 반유대주의 증오 범죄는 하루 4건 꼴인 1,382건이 발생했는데 이 수치는 1984년 집계 이후 최고의 수치라고 한다.

영국 일간지 가디언은 최근 유대인을 노린 증오 범죄가 급증해 반유대주의가 독일 나치 집권기 이후 최고점에 이르렀다는 우려의 목소리가 커지고 있다고 보도했다.

유럽의 다른 나라는 어떨까?

2014년 벨기에 브뤼셀의 유대인 박물관에서 총격 사건으로 4명이 숨졌다.

지난달 오스트리아에서는 이스라엘 축구팀 선수를 공격한 사건이 발생해 독일 분데스리가 파더보른Paderborn 팀과의 친선 경기가 연기된 일도 있었다.

네덜란드에서는 유대인 여성 2명이 자신의 집 베란다에 이스라엘 국기를 내걸었다가 괴한들의 공격을 받기도 했다. 네덜란드 반유대주의 감시 운동 단체는 평상시 한 주 3~5건에 그치던 증오 범죄 신고가 70건으로 급증해 과열 조짐을 보이고 있다며 우려했다.

이탈리아에서는 유대인 상점을 중심으로 반유대 성향의 공격적인 낙서가 확산되는 가운데 이슬람 성직자가 설교 시간에 유대인 처단을 촉구한 것이 드러나 이 성직자에 대한 추방 절차가 추진되고 있다.

유대인들을 향한 이런 증오 범죄는 나이를 초월한다.

호주에서는 지난 2019년 7월 첼트넘 세컨더리 스쿨 Cheltenham Secondary School에 다니는 유대인 학생이 동급생들에게 집단 폭행을 당한 사건이 일어난 것이 뒤늦게 밝혀졌다.

이 학교에 재학 중이던 12살의 유대인 학생은 학교 인근 공원에서 같은 학교에 다니는 9명의 학생들로부터 집단 폭행을 당해 얼굴과 어깨를 심하게 다쳤는데 이 과정에서 한 무슬림 학생이 유대인 학생에게 엎드려 자신의 신발에 입을 갖다대고 키스를 하도록 강요했다는 것이다. 가해 학생들은 이 장면을 사진으로 촬영했다. 하지만 학교 측은 이 사건이 학교 밖에서 일어난 일이기 때문에 아무런 조치를 취할 수 없었다고 변명을 했고 결국 피해 학생만 학교를 떠나야 했다.

이런 사건은 불과 며칠 뒤 호주에서도 일어났다.

호손 웨스트 프라이머리 스쿨Hawthorn West Primary School에서는 5살짜리 유대인 소년이 동급생들에게 심각한 인종차별에 시달렸던 것이다. 친구들은 이 유대인 소년에게 자신들이 사용하는 화장실을 사용하지 말고 다른 화장실을 사용하라고 요구하며 폭행을 가했다는 것이다.

이 유대인 소년이 폭력에 얼마나 시달렸는지 집에 돌아와 엄마 품에 안기며 "학교에서 친구들이 내가 유대인이라는 이유만으로 무차별로 폭행했고 나에게 쓸모없는 쥐새끼 같은 유대인이고 바퀴벌레라고 했어. 그러니까 엄마도 날 사랑할 필요가 없어"라며 오열했다고 한다.

이런 사실을 알게 된 부모는 소년의 학교를 찾아가 인종차별과 반유대주의에 대한 교육을 아이들에게 시켜 줄 것을 요구했지만 학교는 이를 거부했고 결국 그 소년은 더 이상 학교를 다니지 않게 되었다고 한다.

물론 이런 일들은 모두 호주 언론에 보도되었다.

현재 전 세계에서는 이렇게 대륙을 구별하지 않고 나라와 민족과 인종과 종교를 초월해서 유대인들을 향한 증오범죄 즉, 반유대주의 사건과 사고가 끊이지 않고 있으며 날이 갈수록 오히려 더욱 심화되고 있는 상황이다.

**04**

# 우리는
# 우리가 한 일을
# 모른다

    이스라엘과 폴란드의 해묵은 갈등은 2019년 5월 13일 폴란드 측이 이스라엘 정부 대표단의 폴란드 방문을 거절하면서 본격적으로 드러났다.

    갈등의 원인은 2차 세계 대전 당시 폴란드에 살던 유대인들의 재산을 독일이 약탈을 했고 전쟁이 끝난 이후 폴란드가 공산주의 국가로 되면서 이 재산들을 모두 폴란드 국가의 소유물로 국유화시켰는데, 최근들어 세계 유대인 원상회복 기구 WJRO(World Jewish Restitution Organization)가 폴란드를 향해 유대인의 재산들을 달라고 요구했기 때문이다.

거기에다 미국의 마이크 폼페이오 국무 장관도 한몫 가세해 폴란드 측에게 유대인의 재산에 대한 반환이나 배상이 이루어져야 한다고 언급했었다. 그래서 2019년 5월 11일에 폴란드의 국민들이 바르샤바에 있는 미국 대사관에 몰려가서 시위까지 했고 결국 이틀 뒤인 5월 13일 이스라엘 정부 대표단이 폴란드를 방문하기로 되어 있었던 일정을 폴란드 정부가 일방적으로 취소한 것이다.

폴란드가 내세우는 입장은 이렇다.

"우리들도 2차 세계 대전 당시 독일 나치의 피해자들이고 그 당시 점령국이었던 독일로부터 적절한 보상을 아직 받지 못하고 있다. 그리고 그 일들은 이미 오래전에 끝난 문제이기 때문에 이스라엘이 원하는 대로 재산을 돌려줄 수 없다. 만약에 폴란드가 유대인들이 만족할 만큼 보상을 해줘야 한다면 그 금액은 3천억 달러(한화 356조 원)인데 우리에게는 그렇게 큰 돈을 줄 여력이 없다."

하지만 이 부분에 대해서 세계 유대인 원상회복 기구 WJRO의 입장은 다르다.

"우리는 2차 세계 대전이 일어나기 이전에도 폴란드 사람들에게 재산을 압류당했고 전쟁이 끝난 후에도 폴란드에게 유대인의 재산을 빼앗겼으니 그것들을 돌려 달라는 것이다. 그러니까 현재 이스라엘이 원하는 것은 독일 나치에 의한 것이 아니라 폴란드 사람들에 의해 빼앗긴 것을 돌려 달라"는 것이다.

폴란드 정부가 스스로 그 보상 금액이 3천억 달러에 달할 것이라고 말한 것은 어찌 되었든 폴란드가 유대인들의 재산을 되돌려 주지 않은 것만은 분명한 사실인 것이다.

그렇다면 유대인들은 언제부터 폴란드에 살게 되었고 왜 이제 와서 폴란드 정부에게 빼앗긴 재산을 돌려 달라는 것일까?

폴란드에서 유대인들이 살기 시작한 것은 중세 시대로 거슬러 올라가게 되니 역사가 꽤 오래된 셈이다.

13세기경 십자군이 유럽에서 팔레스타인으로 진격해 올 때 유대인들은 이를 피해 폴란드에 자리 잡았고 그곳에서 안전하길 원했었다.

실제로 14세기경 유대인들은 폴란드 지역에서 칼리츠 법령을 통해 법적인 보호를 받을 수 있었고 이러한 보호로 인해 16세기 무렵에는 전 세계 유대인의 약 80%가 폴란드로 몰려와 살았다고 할 정도로 폴란드의 유대인들은 번성했고 그곳에서 어느 정도의 자주성을 가지고 풍요로운 사회 문화를 발전시켜 나갔다.

그러한 평화로운 삶은 18세기 무렵 폴란드가 러시아, 프로이센, 오스트리아로 나뉘게 되면서 큰 위협을 받게 되는데 폴란드의 대다수 지역을 러시아가 지배하면서 그곳에 살던 유대인들 역시 어쩔 수 없이 러시아의 지배를 받게 된다.

그러나 1880년과 1890년 무렵 러시아의 알렉산드르 2세가 암살을 당한 후 러시아-폴란드 유대인들이 유대인 대학살에 노출 되자 결국 약 2백만 명의 유대인들은 이 지역을

폴란드의 유대인들

떠나 미국으로 건너가게 되고 또 어떤 유대인들은 팔레스타인으로 이주하기도 했다.

그러다가 1차 세계 대전 이후 폴란드는 민주주의 독립 국가가 되었다.

폴란드에는 우크라이나인, 유대인, 벨로루시인, 리투아니아인, 정통 독일인 등이 살았었는데 2차 세계 대전이 일어날 무렵 폴란드에는 폴란드 인구의 약 10%인 330만 명의 유대인이 살고 있었고 이는 유럽 국가 중에서 유대인 비율이 가장 높은 것이었다.

역사의 긴 시간 동안 유대인들이 폴란드에 거주한 만큼 폴란드 내의 반유대주의적 기류에도 불구하고, 폴란드는 유대인에게 법적으로 종교적 관용과 사회적 자치권 때문에 유대 문화의 주요 중심지였다. 폴란드의 문화도 유대 문화에 많은 영향을 받았다고 할 수 있을 만큼 폴란드는 정착할 곳이 없던 유대인에게 특별한 곳이었다.

그런데 1939년 9월 1일 독일 나치가 폴란드를 침공하면서 2차 세계 대전이 발발하게 되고 그로부터 며칠 후 9월 17일에는 소련이 폴란드의 동쪽을 침략하면서 이때부터 폴란드에 살고 있던 유대인들의 61.2%는 독일의 지배 아래 들어가고 38.8%는 소련의 통치를 받게 된다.

1939년 10월 말부터 독일 나치는 폴란드에 거주하는 유대인을 색출하기 위해 '유대인(jude)'이라는 도장이 찍힌 신분증을 발행하고 다윗의 별 모양의 배지를 가슴에 달도록 법령을 실행한다.

1939년 11월, 12월에는 모든 유대인들을 도시의 특정 구역인 게토로 이주시키라는 법령이 실행되면서 유럽 내에서 두 번째로 큰 로지(Łódź) 게토가 1940년 2월에 세워지고 가장 큰 규모의 게토인 바르샤바Warsaw는 같은 해 11월에 지어진다.

바르샤바 게토의 경우 약 38만 명에 이르는 유대인들과 폴란드 사람들이 3.4제곱킬로미터, 즉 미국의 센트럴 파크

가슴에 노란 다윗의 별을 단 폴란드의 유대인들

크기의 면적에 구겨 넣어져 비위생적인 환경에서 장티푸스 같은 치명적인 전염병과 굶주림 가운데 죽음을 맞이한다.

독일인들에게 배급된 음식은 한 사람당 하루 평균 2,613칼로리를 지켰지만 폴란드인들에겐 669칼로리, 유대인들에게는 고작 184칼로리 분량의 음식만 배급되었다.

그곳을 탈출하다 잡힌 사람들은 현장에서 처형되었다.

게토에 유대인들을 모아 놓고 감독하며 경제적 착취를 도모했던 나치는 게토에서 유대인들이 결집하여 저항 운동을 일으키기 시작하자 유대인의 정신을 말살시키기 위한 다른 방법을 고안하기 시작한다.

이때 그 대안으로 등장한 것이 유대인을 말살시키는 최종 해결책 'Final Solution'이었으며 폴란드는 바로 그 계획들이 실행된 나라이다.

당시 유럽에서 폴란드에 거주하는 유대인의 숫자가 가장 많았기 때문이다.

나치는 게토에 있는 유대인들에게 다른 지역으로 옮길 것이니 짐을 싸라고 속인 후 기차로 그들을 수송해 가스실로 보내 가차 없이 죽였고 시신은 화장터에서 한 줌의 재로 태워졌다.

폴란드에는 오직 죽음을 위해 설치된 집단 학살 수용소

가 아우슈비츠Auschwitz, 헤움노Chełmno, 베우제츠Bełżec, 소비부르Sobibór, 트레블린카Treblinka, 마이다넥Majdanek 등 총 6개 지역에 설치되었는데 이곳은 모두 유대인 수송이 유용하도록 기차 선로가 깔려있는 지역이었다.

폴란드뿐만 아니라 전 유럽 지역에서 실려 온 유대인 대부분은 수용소에 도착하자마자 가스실에서 죽음을 맞이하거나 강제 노역에 시달렸고 열악한 환경으로 인해 전염병에 감염되어 죽어갔다.

가장 악명 높은 아우슈비츠 수용소의 경우 매일 6천 명에 달하는 사람들이 가스실에서 죽음을 맞았으며, 이 수용소에서 사망한 약 140만 명의 사람 중 90%에 달하는 110만

아우슈비츠 강제수용소에 갇힌 유대인들

명의 사람이 유대인이었고 그중 20만 명은 어린이였다.

물론 폴란드에서 일어난 이 일들의 대부분은 독일 나치에 의해 시작되고 자행된 일이며 나치는 유대인뿐만 아니라 폴란드 사람도 인종 청소라는 이름하에 게토에 가두고, 처형했다.

1939년 11월, 나치 독일은 폴란드인을 완전히 말살하는 정책인 인종 청소 정책을 수립하는데 그때 당시 나치 당원이었던 하인리히 힘러Heinrich Himmler는 '폴란드인은 이 세상에서 완전히 사라져야 한다'고 강조했었다.

2차 세계 대전 중에 사망한 비유대계 폴란드인은 약 190만 명에 이른다.

그중 5분의 4가 폴란드 민족이었고 나머지는 우크라이나와 러시아의 소수 민족으로 거의 모두 민간인들이었다. 그런 이유로 인해 폴란드가 "사실은 우리도 피해자"라고 주장을 하고 있는 것이다.

폴란드인들은 나치에 의해 강제 노동을 하거나 감옥, 강제 수용소에서 사망했다.

이 희생자들 중엔 유대인을 숨겨 주었다는 이유로 처형된 약 3만 명의 폴란드인들도 포함되어 있다.

그래서 홀로코스트 희생자를 기리는 예루살렘의 야드

바셈Yad Vashem 박물관에는 유대인을 구한 폴란드인 6,706명의 이름이 기록되어 있다.

폴란드 역시 2차 세계 대전으로 인구의 16%를 잃었을 정도로 엄청난 희생을 치렀고 이들에게도 나치의 수용소는 가슴 아픈 기억 중에 하나로 남아 있는 것은 분명한 사실이다.

하지만 폴란드 정부가 통과시키려 하는 홀로코스트 법안은 그런 아픈 역사를 돌아보는 올바른 자세가 아니다.

이 법안은 '나치 독일이 저지른 범죄 혹은 반인도적, 반평화적 범죄와 전쟁 범죄에 대해 폴란드 국민이나 국가에 책임이나 공동 책임을 돌리는 것에 대해서도 내외국인을 구별하지 않고 벌금 또는 최대 징역 3년에 처할 수 있다'고 규정하고 있는데 이는 또 다른 이기적인 민족주의를 부추기는 일이다.

폴란드에서 분명 위기에 처한 유대인을 도와주다가 죽어 간 폴란드인도 많았지만, 나치와 협력하여 유대인들을 갈취하고, 색출하는 데 도움을 제공한 폴란드인들도 분명히 있었으며, 이때 유대인의 집과 재산을 모두 나치 독일이 빼앗아 간 것이다.

그렇다면 왜 세계 유대인 원상회복 기구는 2차 세계 대전 당시가 아니라 나치 독일이 폴란드를 침공하기 이전에 일어났던 일 그리고 2차 세계 대전이 끝난 후 공산 정권이 집권하던 때에 일어났던 일에 대해서 주장을 하는 것일까?

사실 폴란드에서의 반유대주의 정서와 유대인들을 향한 핍박과 재산 몰수는 2차 세계 대전 이전부터 일어나기 시작했다.

1차 세계 대전 이후 전 유럽에 몰아닥친 경제 불황은 폴란드에까지 영향을 주었고 먹고살기 힘들어진 폴란드 국민들은 유대인들에게 그 화살을 돌리기 시작했던 것이다.

이때 당시 폴란드의 의사 중에 56%가 유대인들이었는데 교사는 43%, 언론인은 22%, 변호사는 33%가 유대인이었다. 유대인들은 폴란드에서 토지와 부동산을 소유하고 소매업과 제조업 그리고 수출 산업에도 활발히 그 영역을 넓혀 갔으며 100개 이상의 정기 간행물을 발행했고 15개의 유대인 극장에서 매일매일 공연이 이어졌었다.

그러니까 같은 폴란드에 살면서도 폴란드 사람들은 가난에 허덕이는데 비해 유대인들은 폴란드의 사회 곳곳에서 나름대로 자리를 잡고 잘살고 있으니 폴란드 사람들에게는 그것이 가장 큰 불만이었던 것이다.

그래서 당시 폴란드의 우익 정치 세력과 폴란드에서 큰

영역을 차지한 가톨릭은 유대인들을 더욱 적개심의 대상으로 삼았으며 폴란드 국가의 정책들은 유대인을 차별하기 시작했고 특히 유대인들이 하고 있는 여러 가지 사업들에 대한 보이콧과 재산 몰수가 이때부터 시작된 것이다.

폭력은 유대인 상점을 대상으로 하는 경우도 잦았고, 그 중 많은 상점들이 약탈당했다.

1935년부터 2년 동안에는 반유대인 사건으로 인해 79명의 유대인이 살해되며 500명이 부상을 입는 사건이 있었고 1937년에는 대학교 강의실에서 폴란드 학생과 유대인 학생들을 위한 자리를 구분하는 문제로 폭력 사태가 벌어져서 또다시 많은 유대인들이 희생을 당했던 일도 있었다.

사실 이런 일들은 알려진 것보다 훨씬 많았다.

이렇게 폴란드에서 유대인을 제거하려는 공식적인 폴란드 정부의 욕구는 독일이 폴란드를 침공할 때까지 계속되었다.

끔찍했던 2차 세계 대전이 끝난 후에는 어땠을까?

330만 명의 유대인 중에 강제수용소 살육의 광풍에서 겨우 목숨을 건지고 살아서 집으로 돌아온 유대인들은 고작 10%에 불과한 30만 명이었다.

전쟁이 끝나고 강제 수용소에 갇혀 있다가 겨우 목숨을

유지한 유대인들이 집으로 돌아왔을 때, 폴란드 동부는 소련의 위성 국가가 되었고 서쪽은 독일로 합병이 되어 있을 만큼 상황이 많이 변해 있었다.

도무지 예전처럼 유대인 공동체를 형성할 수 있는 상황이 되지를 못했던 것이다.

그런데 놀라운 사실이 있다.

폴란드에 거주하던 유대인 중에 겨우 살아서 돌아온 30만 명이 그로부터 일 년 사이에 또 25만 명이 죽임을 당한 것이다.

누가 그랬을까? 독일은 이미 전쟁에서 패하고 돌아갔으니 나치가 그랬을 리는 없다.

바로 폴란드 국민들이 살아서 돌아온 유대인들을 또다시 약탈하고 집을 파괴시켰으며 죽이기 시작한 것이다.

살아 돌아온 유대인들이 다시 공동체를 이루고 폴란드 사회 곳곳의 중요한 위치로 돌아가 자기들의 재산을 되찾을 것이라는 두려움 때문이었는데, 그렇게 살해당한 유대인들의 숫자가 25만 명이었다.

그리고 그들의 재산을 모두 폴란드 정부가 국유화시켰던 것이다.

그래서 지금 유대인들이 2차 세계 대전 이전에 강제로

빼앗아 간 재산과 전쟁 이후에 빼앗아 간 재산들을 돌려 달라고 주장하는 것이다.

그런데도 폴란드는 "우리들이 유대인들을 죽인 것이 아니라 독일 나치가 그랬던 것이며 자신들도 역시 피해자다. 폴란드에서 희생당한 유대인들은 나치 독일이 그런 것이지 우리 폴란드와는 상관이 없다" 이렇게 주장하고 있다.

물론 독일에 가장 먼저 점령당한 폴란드가 전쟁의 피해자인 것은 맞지만 폴란드가 유대인 학살에 가담한 가해자인 것도 맞다.

이것은 분명한 역사적 사실이다.

독일 나치가 대규모 유대인 말살 정책을 수행하는 과정에서 폴란드 경찰과 철도 요원들이 동원되었다. 특히 수십만 명의 유대인들이 죽음의 수용소행을 기다리며 억류되었던 게토 지구 경비에도 이들이 동원되었다.

나치는 이런 목적으로 블루 폴리스Blue Police라는 이름으로 폴란드 경찰을 재조직했으며 이에 참여한 숫자는 약 2만 명이었는데 1942년에서 1943년 사이에 벌어진 나치의 게토 청소 작전에도 이들이 참여했었다.

그럼 이들이 모두 나치와 협력했던 폴란드 사람들이었

을까?

 그렇지 않다. 역설적이게도 나치의 유대인 사냥을 도운 폴란드 경찰 가운데 일부는 나치 점령군에 대항하던 폴란드 지하 저항군 레지스탕스의 일원이기도 했다. 그러니까 이들은 나치가 좋든 싫든 그것과 상관하지 않고 전방위적으로 유대인 체포 작전에 협력했다는 얘기이다.

 일부 폴란드 사람들은 유대인 재산이 탐나서 숨어 있는 유대인들을 고발했고 이들을 가려내는 데 도움을 제공하기도 했던 것이다.

나치와 함께 유대인을 검문하는 블루 폴리스

**05**

# 참혹했던 예드바브네 사건

1941년 7월 10일, 폴란드 동부 마을 예드바브네Jedwabne에서 약 1천 6백여 명의 유대인들이 몽둥이에 맞거나 죽창에 찔려 죽고 마침내는 산 채로 창고 안에 갇혀 불에 타 죽은 사건이 있었다.

이 끔찍한 유대인 대학살 사건은 많은 사람들에게 잘 알려지지 않았지만 폴란드 공산 정권은 나치 독일이 점령하고 있던 폴란드의 예드바브네에서 벌어진 이 사건을 모두 나치 독일의 만행이었다고 주장을 했었다.

그러면서 심지어 예드바브네에 폴란드 정부 차원에서 나치 독일의 잔학성을 규탄하는 유대인 추모비까지 세웠을 정도였다.

하지만 이것은 사실이 아니다.

폴란드 출신의 유대계 미국인 역사학자인 얀 T. 그로스 Jan T. Gross라는 사람이 2001년 발간한 『이웃들』이라는 책에서 비로소 70여 년 만에 진실이 밝혀지게 된 것이다.

얀 T. 그로스는 폴란드에서 수많은 목격자들을 직접 취재하고 인터뷰하면서 그 사건의 진실을 파헤쳤는데, 사실은 당시에 희생당한 1,600여 명의 유대인 희생자들은 나치 독일에 의한 것이 아니라 바로 그전까지 함께 잘 살던 폴란드의 이웃 사람들에 의해서 희생을 당하게 된 것이라는 사건의 실체를 밝혀내게 된 것이다.

이때 당시 폴란드 사람들은 그들의 만행을 지켜보던 독일 군인들에게 총을 달라고 요구했지만 독일 군인들이 이를 거절하자 몽둥이와 죽창으로 유대인들을 찔러 죽이고 불태워 죽였다고 한다.

이 끔찍했던 사건으로 1,600여 명이 죽었는데 마을 인구가 3천 명 정도였으니 인구 절반이 나머지 절반을 죽인 셈이다.

역사적으로도 부인할 수 없는 분명한 사건을 두고도 폴란드 정부는 이를 부인하고 있다.

상당수 폴란드인들은 오히려 얀 T. 그로스가 진실을 왜곡한 것이고 유대인의 폴란드 때리기이며 폴란드인은 타고난 반유대주의자라는 편견을 증폭시키려는 악의에서 비롯된 것이라고 반발하고 있다.

이렇듯 폴란드는 유대인에 대해서 2차 세계 대전 기간 동안은 물론이고 그 이전에도 그리고 그 이후에도 반유대주의 사상에 물들어 대학살을 자행했다는 것을 부인할 수

예드바브네에서 불에 타는 유대인의 집을 구경하는 폴란드인들

없을 것이다.

그럼에도 불구하고 폴란드는 2018년 2월 6일, 2차 세계 대전 당시 폴란드 안에서 벌어진 나치 독일의 잔학 행위에 대해 폴란드의 책임을 거론하면 내국인, 외국인을 가리지 않고 최대 징역 3년 형에 처할 수 있는 '홀로코스트 발언법'이라는 법을 통과시켰고 3월 1일부터 발효되었다.

그러니까 앞으로는 2차 세계 대전 당시 나치 독일이 유대인을 대학살했던 일에 대해서 폴란드가 개입을 했다거나 또는 관련이 있다거나 더 나아가 폴란드가 유대인을 학살했다는 이야기를 하게 되면 폴란드 사람이건 외국 사람이건 가만두지 않겠다는 것이다.

물론 나중에 이스라엘과 미국의 강력한 반발로 징역형 조항이 삭제되기는 했지만 여전히 이 법은 존재하고 있다.

특히 폴란드에 있었던 아우슈비츠 수용소를 죽음의 수용소 Death Camp라고 말할 경우 가장 강한 처벌을 받게 된다.

부정할 수 없는 유대인 대학살이 일어난 땅 폴란드에서 이러한 법안이 통과된 것에 대해 이스라엘 네타냐후 총리는 "이스라엘은 진실 왜곡과 역사 수정, 홀로코스트 부정을 절대로 용납하지 않을 것"이라며 자국 주재 폴란드 대사 직무 대행을 불러 항의했고 또한 이스라엘의 입법관들은 나치 정권 당시 폴란드가 유대인 학살을 비롯하여 공모를 한 역사적 사실이 있음을 분명히 지적했다.

폴란드 사람뿐 아니라 국적을 불문하고 적용되는 이 법안으로 홀로코스트 생존자들이 폴란드인의 전쟁 범죄 연루와 관련된 증언을 할 경우 기소될 수 있으며 2차 세계 대전이 인류에게 남긴 역사적 메시지와 유산에 대해 자유롭게 조사하고 토론하는 것이 금지된 것이다.

하지만 이런 이스라엘의 반응에 대해 폴란드 대통령 안제이 두다Andrzej Duda는 "우리는 절대로 물러설 수 없으며 역사적 진실을 방어할 권리를 가지고 있다"고 맞섰다.

폴란드의 홀로코스트 발언법 적용 첫 대상은 지구 반대편에 있는 아르헨티나였다.

아르헨티나의 파히나 도세라는 신문이 예드바브네 사건을 소개하자 폴란드는 이 신문은 조작된 내용으로 기사를 작성했고 이것은 폴란드의 명예를 훼손하는 것이라며 홀로코스트법이 발효된 지 하루 만인 2018년 3월 2일에 이 신문사를 고발한 것이다.

사실 이 사건에 대해서는 2001년 7월 10일, 폴란드의 전 대통령인 알렉산데르 크바시니에프스키Aleksander Kwaśniewski

가 60년 전에 일어났던 대학살의 현장인 예드바브네를 직접 방문하여 과거 폴란드 사람들에 의해 자행되었던 만행에 대해 역사적 사실을 인정했을 뿐만 아니라

"나는 오늘 한 인간으로서 폴란드의 시민으로서 폴란드 공화국의 대통령으로서 끔찍한 범죄 때문에 양심에 충격을 받은 폴란드 국민의 이름으로 희생자의 영혼과 유족들에게 진심으로 용서를 구한다"라고 말하기도 했었는데 말이다.

이때 당시 폴란드 언론들은 '대통령의 용기 있는 사과는 공산 정권의 역사 왜곡을 바로잡아 후손에게 진실을 가르치고 폴란드인과 유대인의 관계를 회복하기 위한 뜻깊은 일'이라고 보도하기도 했었다.

그런데 이제 와서 19년 전 폴란드의 대통령이 인정하고 사과한 일을 잊고 이 사건은 조작된 사건이라고 외면하며 발뺌을 하는 것뿐만 아니라 이 사실을 보도했던 아르헨티나의 언론사까지 고발함으로써 70년 전 폴란드 전 국민 사이에 불어닥쳤던 반유대주의가 지금 다시 몰아친 것이다.

폴란드의 극우파 집권당인 '법과 정의당'이 이러한 법안을 추진시킨 것에는 이유가 있다.

최근 폴란드 내에 극우파의 사상을 지지하는 국민들의 숫자가 증가하고 있는데 2017년 11월에 실행된 조사에 따

르면 폴란드 국민 3명 중 1명이 극우파의 활동을 지지한다고 답변했다.

'법과 정의당'은 이들의 표를 얻기 위해 흑백 논리를 펴고, 다른 민족에 대한 혐오를 부추기는 발언과 더불어 홀로코스트 법안까지 발의했던 것이다.

'법과 정의당'의 대표인 야로슬러 카친스키는 이전에도 무슬림 난민들을 향해 "기생충을 몰고 다니는 사람들"이라고 발언한 적이 있으며, 이 정부의 교육부 장관은 2016년 예드바브네 대학살 사건은 오해와 편견으로 가득찬 사건이라고 말하기도 했었다.

그래서였을까?

지난 2019년 2월 20일, 이스라엘의 유력 일간지 '더 타임즈 오브 이스라엘'에 의하면 폴란드 내의 유대인 공동묘지가 파손되고 담장에는 누군가가 '예수님이 왕이다'라는 글씨를 써 놓았으며 2019년 2월 말 바르샤바의 야당 당사 건물에는 독일 나치의 표시와 함께 '유대인은 떠나라'는 낙서가 발견되었다고 한다. 나치 독일이 폴란드를 점령했을 2차 세계 대전 당시 그려졌던 낙서가 70년 만에 다시 등장한 것이다.

두 달 뒤인 4월 3일에는 미국 뉴욕에서 폴란드 민족주의

* 파괴된 폴란드의 유대인 공동묘지
* 유대인 공동묘지 담장에 쓰여진 낙서

자들이 폴란드에서 몰수되었던 유대인 재산 반환에 대한 요구에 항의하는 시위를 벌이기도 했다.

이날 시위 현장에서 이들은 "홀로코스트 산업을 멈춰라", "바르샤바의 유대인들은 다른 유대인들에게 살해당한 것이다"고 외치거나 반대편 유대인 시위자들을 향해 1달러짜리 지폐를 흔들면서 야유하기도 했었다.

또, 4월 19일에는 폴란드 동남부의 작은 마을의 주민들은 부활절 행사 중의 하나로 예수님을 배반한 제자 유다를 상징하는 인형을 끌고 다니며 몽둥이로 내려치는 퍼포먼스를 했는데 놀랍게도 이 가롯 유다를 상징하는 인형은 바로

유대인 모습을 한 가롯 유다 인형을 목 매단 장면

까만 모자를 쓰고, 옆머리가 꼬불꼬불한 전형적인 정통 유대인의 모습이었다. 심지어 이날 행사에서는 이 인형을 목매달고 불태우기까지 했다.

이렇듯 폴란드 국민들은 아직까지도 2차 세계 대전 당시 자신들이 유대인들에게 잔혹하게 했던 일들을 부정하고 있으며 오히려 유대인 스스로 벌인 자작극이라고 주장하고 있다.

놀랍게도 2차 세계 대전 당시 폴란드 국민의 90%가 기독교인이었고 현재도 95%가 기독교인이라고 하는데(물론 여기서 언급한 기독교는 개신교 복음주의 기독교가 아닌 가톨릭도 기독교를 포함해서 말하는 것이다.) 이런 부분에서 폴란드 정부뿐만 아니라 가톨릭도 분명한 책임이 있으며 가톨릭 역시 이것을 부인할 수는 없을 것이다.

330만 명의 유대인 중에 325만 명의 유대인이 잔혹하게 학살될 때 앞장서서 몽둥이를 휘두르고 죽창으로 찔러 대며 유대인이 '여기 있다, 저기 있다' 밀고하고 등을 떠밀었던 사람들은 대부분 가톨릭 신자였다.

기록에 의하면 유대인들을 태운 기차가 아우슈비츠로 달려가는 동안 그 기차 소리를 듣지 않기 위해서 폴란드의 성당에선 찬송을 더욱 크게 불렀다고 한다. 유대인들의 울부짖음과 살려 달라는 아우성 소리를 애써 듣고 싶지 않았기 때문에 그 시간에 찬송을 더욱 크게 불렀던 것이다.

그렇다면 가톨릭이 나서서 폴란드 정부와 국민들을 향해 "이것은 우리의 잘못된 신앙과 믿음이 바탕이 되어 벌어진 일이다. 우리 모두 회개하고 반성해야 할 일이다" 이렇게 설득해야 하지 않을까?

그러나 가톨릭은 오늘도 이 부분에 대해선 입을 다물고 아무 말도 하지 않고 있다.

1979년 요한 바오로 2세는 아우슈비츠를 방문해서 미사를 집전했었다.

그런데 그 이후 폴란드의 가톨릭은 유대인들을 죽이는 데 사용했던 독가스 저장고 자리에 교황이 방문한 것을 기념하는 수녀원을 세웠고 높이 5미터의 십자가를 세워 놓았다.

나중에 이 수녀원은 철거되었지만 1998년에는 오히려 그 자리에 십자가를 152개나 더 세웠다.

폴란드의 아우슈비츠에서는 매년 홀로코스트 기념일에 '산 자들의 행진'이라는 행사가 진행되는데 2019년 5월 2일에도 역시 전 세계에서 3만여 명의 유대인이 모였고 그들은 70여 년 전 유대인 선조들이 끔찍하게 희생되었던 포로수용소 현장을 묵묵히 돌아보았다.

그들은 그 현장에서 목격하게 되는 152개의 십자가를 보면서 과연 어떤 생각을 했을까?

폴란드는 과거 2차 세계 대전 이전과 나치 독일 점령 당시 그리고 전쟁 이후에 폴란드 국가 안에서 일어났던 유대인에 대한 학살과 재산 몰수라는 부끄러운 역사를 부인해서는 안 된다.

폴란드 정부는 지금이라도 오랜 세월 동안 뿌리를 내리고 지금도 그 영향력이 만만치 않은 반유대주의 정책을 버

유대인들이 학살당했던 아우슈비츠 수용소에 세워진 십자가

려야 한다. 그래야 오랜 세월 동안 찌들어 있는 가난과 궁핍에서 벗어날 수 있을 것이다.

폴란드는 지금 자국의 어두운 면 또한 인정하고 받아들이지 않은 채 마치 지우개로 지워지지 않는 유대인의 피를 지우려 하는 듯하다.

야드 바셈 홀로코스트 박물관에는 이런 문구가 새겨져 있다.

'용서하되 잊지는 말자'

국민들의 지지를 얻으려고 역사를 미화하고 다른 민족에 대한 적대감을 정당화하는 이기적인 민족주의적 태도는 결국 폴란드 내에 심각한 증오와 분열을 일으킬 것이며 또한 유대인을 구하려다가 목숨을 잃은 폴란드인들의 이름조차 부끄럽게 만드는 것임을 알아야 한다.

이번 사건을 두고 이스라엘 외무부 대변인인 엠마누엘 나손Emmanuel Nahshon은 트위터에 다음과 같은 말을 남겼다.

"어떠한 법도 사실을 바꿀수 없다."

아우슈비츠 강제 수용소를 바라보는 이스라엘 청년들

**06**

# 유대인의
# 가슴을 후벼 판
# 의류 회사

　　　　　2019년 11월 14일 스페인의 럭셔리 브랜드 로에베Loewe가 새롭게 출시한 신제품이 2차 세계 대전 나치 수용소에서 유대인들이 입었던 줄무늬 옷을 연상시킨다는 논란에 휩싸였다.

　160만 팔로워를 보유한 인스타 계정 '다이어트 프라다'는 이에 대해 유명 브랜드의 디자인 표절 등을 고발하면서 로에베 제품 사진을 게재하고 이 옷은 강제 수용소 옷 외에 아무것도 상상할 수 없는 옷이라며 공개적으로 비난했다.

그러자 2019년 11월 24일, CNN 등 현지 매체 측에 따르면 로에베는 신제품인 줄무늬 상의와 바지는 19세기 영국의 디자이너이자 타일 작가인 윌리엄 드 모건William De Mogan의 패턴에서 영감을 받아 만든 옷이라고 해명하면서 유대인들을 모욕할 의도는 절대로 없었다며 상처를 입은 사람들에게 사과하고 모든 상품을 진열대에서 치우고 해당 제품을 전량 회수했다고 보도했다.

스페인의 유명한 패션 브랜드가 유대인 학살 역사에 무지하다는 비판은 이번이 처음이 아니다.

스페인의 또 다른 패션 브랜드 자라Zara는 지난 2014년 줄무늬에 다윗의 별이 들어간 티셔츠를 내놓았다가 비난을 받은 적이 있었다.

물론 이런 논란이 일어나자 자라는 미국 서부 영화에 등장하는 보안관 별에서 착안한 디자인이라고 밝히긴 했지만 이 옷 역시 매장에서 모두 수거되었다.

이렇게 스페인은 로에베 이전에 자라에서도 단지 돈을 벌기 위한 방법으로 유대인의 아픈 기억들을 이용한 전력이 있는 나라이다.

물론 위아래로 길게 내려간 스트라이프 의상은 이전에도 그리고 지금도 몇몇 패셔니스트에게는 인기 있는 디자인이기 때문에 논란이 된 로에베의 신제품 디자인은 단지 패션을 위한 디자인이라고 말할 수도 있다.

하지만 로에베가 출시한 새로운 의상은 누가 봐도 한눈에 홀로코스트 당시 유대인들이 강제 수용소에서 입었어야만 했던 옷과 너무도 똑같다는 것을 부인할 수 없다.

우리 모두가 아는 것처럼 히틀러는 1933년 독일의 나치당 총통으로 세워진 후 1938년부터 독일과 오스트리아는 물론 폴란드에 살고 있던 유대인들의 재산을 몰수하고 게토를 만들어서 그 안에서만 생활하게 한 다음 본격적으로 폴란드의 아우슈비츠를 비롯한 유럽 여러 곳에 수용소를 만들어 강제 수용을 했었다.

이때 그 강제 수용소에 갇혔던 유대인들 모두에게 입도록한 옷이 바로 이 줄무늬 디자인의 옷이었다.

그래서 홀로코스트라는 아픈 역사를 경험해야 했던 유대인들에게 이 줄무늬 디자인은 절망과 분노 더 나아가서 대학살이라는 단어를 떠올리게 하는 아주 끔찍한 디자인이었다.

오죽하면 2008년 마크 허먼Mark Herman 감독은 『줄무늬 파자마를 입은 소년(The Boy In The Striped Pajamas)』이라는 영화까지 만들었을까?

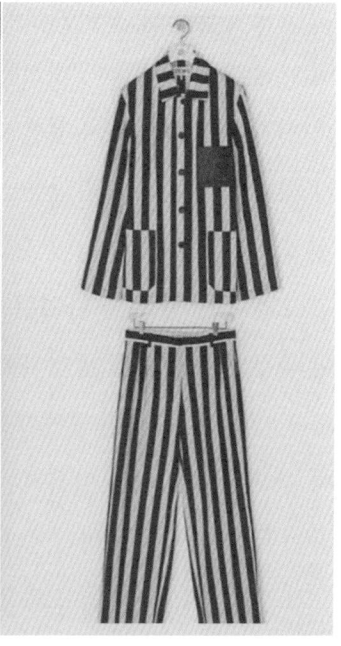

\* 로에베가 제작한 줄무늬 디자인 신상품
\* 자라에서 만든 줄무늬 옷의 다윗의 별

지금도 예루살렘에 있는 야드 바셈 홀로코스트 기념관에 가면 나치 전범들이 저지른 끔찍한 일들 중에 하나로 기억하기 위해 이 줄무늬 옷을 전시하고 있는 것을 목격할 수가 있다.

그렇다면 왜 독일 나치는 강제 수용소의 유대인들에게 이 줄무늬 옷을 입혔던 것일까?
먼저는 이 무늬가 자연환경에서 눈에 잘 띄어 유대인들이 강제 수용소에서 탈옥하는 것을 어렵게 만들기 때문이라는 것이 전반적인 의견이다.
또 한 가지 이유는 이 줄무늬 옷에 대한 유대인들의 혐오감이 있었기 때문이다. 레위기 19장 19절에 보면 "너희는 내 규례를 지킬지어다 네 육축을 다른 종류와 교미시키지 말며 네 밭에 두 종자를 섞어 뿌리지 말며 두 재료로 직조한 옷을 입지 말지며"라고 기록이 되어 있는데 이 성경 구절은 두 종류를 하나로 혼합하지 말라는 말씀이다.
이 구절을 헬라어에서 라틴어로 번역할 때 듀어버스 컬러리버스Duobus Coloribus라고 번역하면서 교회는 이것을 두 종류가 아닌 두 가지의 색상을 의미하는 것으로 해석했다고 한다.

그래서 중세 유럽에선 사람들이 되도록이면 줄무늬 의상을 피했던 것이고 낮은 지위의 사람들만 입는 옷으로 여겨졌다는 이야기도 있다.

그래서 그랬을까?

13세기 당시 교황 보니파스 8세Pope Boniface VIII는 성직자들이 줄무늬 의상을 입는 것에 대한 금지령을 제정하기도 했으며 심지어는 잘 모르고 줄무늬 옷을 입은 성직자를 사형시킨 적도 있었다고 한다.

그리고 거의 비슷한 시기에 오늘날 독일의 한 도시인 작센Sachsen에서는 법적으로 매춘부나 농노, 가축 도살자 그리고 범죄자라고 선고받은 사람들에게 줄무늬 옷을 입도록 강요했었다.

1310년 프랑스 북부에서 줄무늬 옷은 악마의 옷으로 여

강제 수용소 안에서 줄무늬 옷을 입은 유대인

1장 세계는 지금 반유대주의 열풍

겨졌으며 1900년대 초반까지 일반인의 옷에는 사용하지 않고 주로 죄수가 입는 옷으로만 사용되었고 아프리카에서 끌려온 흑인들에게 줄무늬 옷을 입혀서 그들의 종속적인 지위를 나타내는 것으로 사용되기도 했었다.

1973년 미국에서 개봉된 영화 빠삐용Popillon에 보면 스티브 맥퀸과 더스틴 호프만이 죄수로 나오는데 이들도 역시 줄무늬 옷을 입고 있다.

스페인의 의류 회사 자라에서 신상품에 디자인했다가 논란이 된 다윗의 별은 이스라엘을 상징하는 대표적인 문양이다.

정삼각형 두 개가 위아래로 엇갈려 겹쳐진 모양의 다윗의 별은 오늘날에도 이스라엘 국기 정 가운데에 그려져 있지만 사실은 수천 년의 역사를 갖고 있다.

탈무드에 따르면 다윗의 별의 기원은 B.C. 930년에 처음 만들어진 것으로 알려져 있다.

다윗의 방패에 처음 그려졌다고 해서 다윗의 별이라고 이름이 붙여졌다고 하는데 다윗의 아들 솔로몬이 다윗의 별을 이용해서 귀신을 내쫓았다는 이야기가 있고 또 솔로몬왕은 이스라엘과 유다를 통합한 이후 다윗의 별을 유대왕의 문장으로 삼았다고 한다.

그러니까 다윗의 별은 일종의 유대인을 상징하는 표식처럼 여겨져 온 것이다.

그래서 반유대주의가 극심했던 13세기 중세 유럽에선 유대인들의 가슴에 의무적으로 이 다윗의 별을 달게 했다가 17세기와 18세기에 이르러 단계적으로 폐지되었다.

그러다가 1933년 히틀러가 권력을 손에 쥐고 같은 해 4월 1일부터 유대인이 소유한 상점에 대해 보이콧을 시작한다고 발표한 후 유대인 상점의 창문에 노란 다윗의 별이 그려지기 시작했다. 다만 이때까지만 해도 이런 표식을 사용하는 것이 공식적인 정책은 아니었다.

하지만 1941년 독일 나치는 독일과 폴란드에 거주하는 모든 유대인에게 노란색 다윗의 별을 가슴에 달고 다니도

13세기 다윗의 별을 달고 있는 유대인들

록 하는 정책을 공식적으로 시행하는데 이것은 유대인만을 따로 분리하여 관리하겠다는 의도였다.

만약에 유대인이면서도 다윗의 별을 달지 않으면 그 즉시 총살형에 처해졌고 다윗의 별을 달고 있던 유대인들은 게토로 격리되어 질병과 굶주림 속에 극심한 탄압을 받았다.

그때 당시 발행되었던 나치의 전단지에 보면 '이런 표식을 단 사람은 누구나 우리 국민의 적이다.'라고 적혀 있다.

홀로코스트 등의 학살이 대대적으로 일어나는 가운데 유대인들의 가슴에 달렸던 다윗의 별은 핍박과 고통을 상징하는 일종의 낙인이었던 것이다.

하지만 유대인들은 이 다윗의 별을 수치가 아닌 유대인

'이런 표식을 단 사람은 누구나 우리의 적이다.' 전단지

으로서의 자부심을 상징하는 문양으로 여기며 고통과 죽음의 시간 속에서 언젠가 맞이하게 될 희망의 날을 기다려 왔다.

결국 2차 세계 대전이 끝나 독립이 되었을 때 다윗의 별은 순교와 영웅의 표상이 되었고 1948년 국가의 새로운 국기와 문양을 지정하는 자리에서 다윗의 별은 이스라엘의 공식적인 상징으로 인정받게 되었다.

이렇듯 줄무늬 옷과 노란색의 다윗의 별은 유대인들에게 절대로 지울 수 없는 아픈 역사의 상징이며 떠올리기조차 고통스러운 것들이었다.

그런데 스페인의 의류 회사가 유대인들의 아픔을 달래고 위로해 주기보다는 오히려 자신들의 제품을 판매하기 위한 디자인으로 삼았다는 것을 유대인뿐만 아니라 전 세계 사람들은 용납할 수가 없었던 것이다.

더군다나 다른 나라도 아닌 스페인에서 말이다.

왜냐하면 스페인 역시 유대인들에 대한 대학살에 대해서 "우리는 그런 일과는 아무런 관련이 없어"라고 말할 수 없으며 그 부분에 대해서 절대로 자유로울 수가 없기 때문이다.

**07**

# 유대인들이
# 예수를 안 믿는다고?
# 그럼 죽어!

　　　　　　1215년 교황 이노첸티우스 3세Pope Innocentius III 는 로마의 라테라노 대성당에서 4차 라테란 공의회라는 가톨릭 세계 선교 회의를 소집하는데 그 회의에서 유대인은 국왕이나 영주에게 예속되어 반노예 상태로 존속되어야 하며 기독교인을 지배할 수도 있는 공직에 취업할 수 없도록 가톨릭 법령으로 정했다.

　이를 계기로 유대인들은 예수를 십자가에 못 박은 아주 저급한 신분으로 추락하게 되고 유럽에서의 본격적인 반유대주의 즉 안티세미티즘Anti-Semitism이 급부상하면서 유럽 전체로 퍼져 나가기 시작했다.

15세기 무렵, 스페인과 포르투갈이 있는 이베리아 반도에는 전 세계에 흩어져 살던 유대인들의 절반을 차지할 만큼 아주 많은 유대인들이 살고 있었고 특히 스페인에서의 유대인 숫자는 전체 국민 중에 6.5%였다.

이때 당시 스페인에서의 반유대주의, 반유대인 열풍은 상상을 초월했었다.

1366년부터 3년 동안 가톨릭 국가인 카스티Castilla 왕국에서는 왕위를 두고 엔리케 2세Enrique II와 이복형제 페드로Pedro 간에 내전이 일어난다.

교황 이노첸티우스 3세

이때 반유대주의를 내세우며 도시민들의 지지를 업고 내전을 승리로 이끈 엔리케 2세가 자신의 반대파인 페드로를 시지했던 유대인들을 대규모로 학살하게 된다.

특히나 유럽 인구의 3분의 1을 죽음에 이르게 했던 흑사병과 이베리아반도 전체에 불어닥친 가뭄, 중앙 권력과 지방 권력 간의 갈등으로 불거진 정치적 불안 그리고 엎친 데 덮친 격으로 1385년에 있었던 이웃 나라 포르투갈과의 전쟁에서 패배하면서 카스티야 국민들의 총체적인 불만을 잠재우기 위한 그 희생양으로 애꿎은 유대인들이 타깃이 되었다.

1390년 당시 유럽에서 가장 강력한 유대인 집단 정착촌이 있었던 세비야Sevilla를 비롯하여, 톨레도Toledo, 카탈루냐Cataluña 지역에서는 스페인 국민들에 의해 반유대주의 공격과 학살이 자행되었는데, 특히 1391년 6월 6일 하루 동안 세비야에서 가톨릭으로 개종하지 않겠다는 약 4천 명의 유대인들이 살해되었고 그들의 집이 공격당하고 파괴되었으며 살해되지 않은 유대인들은 강제로 개종을 해야만 했었다.

이런 식의 유대인 대학살의 행진은 3개월 내에 70개 이상의 다른 도시와 마을에서도 이어졌고 당시 20만 명 정도였던 유대인들 가운데 약 1만 명 정도가 죽임을 당했다.

1478년 스페인은 가톨릭의 교황 식스투스 4세Pope Sixtus IV 로부터 허락을 받고 스페인 국왕의 칙령으로 강력한 종교 재판소를 만들게 되는데 이로써 스페인에서는 본격적인 대규모 유대인 탄압과 이단 심문의 장이 마련되기에 이른다.

물론 스페인 이전에도 프랑스에 종교 재판소가 있었지만 스페인의 종교 재판소는 잔인하기로 악명이 높았다.

스페인 전역에는 약 2만 명의 이단 심문관들이 있었다고 하는데, 이단으로 판명이 나거나 가톨릭에서 다른 종교로 개종을 했다는 것이 밝혀지면 화형을 당하는 것뿐만 아니

스페인에서 살해되고 있는 유대인들

라 전 재산을 몰수당했다.

　유대인들에게 끊임없이 가톨릭으로 개종할 것을 요구해 이때 당시 어쩔 수 없이 가톨릭으로 개종한 유대인들의 숫자가 약 10만 명가량 되었다.

　이때 유대교에서 가톨릭으로 개종한 유대인들을 가리켜 콘베르소스conversos라고 부르는데 스페인의 가톨릭은 이 콘베르소스 유대인들을 향해 위장 개종자이며 또 신앙의 자존심도 없이 함부로 개종을 했다고 또다시 핍박하기 시작했다.

　그때 당시 스페인의 종교 재판소 소장으로 있었던 토르케마다Torquemada는 그가 죽을 때까지 18년 동안 유대인 29만 명의 재산을 몰수하거나 토굴 속에 투옥시켰고, 8만 명을 산 채로 불태워 죽였다고 전해지고 있다. 그 당시 종교 재판은 스페인 전역에서 끔찍하게 번져갔고 수많은 유대인들이 얼마나 잔인하게 희생당했었는지를 가늠하기조차 쉽지 않다.

　1492년 3월 31일, 스페인 통일 왕국을 수립한 페르난도 2세와 이사벨은 또다시 당시 스페인에 거주하던 유대인들에게 4개월 내로 스페인에서 떠날 것을 칙령으로 발표하는데 '유대인들이 스페인을 떠날 때에는 금과 은은 갖고 나갈

\* 이단 재판관 앞의 유대인
\*\* 화형당하고 있는 유대인
\*\*\* 고문당하고 있는 유대인

수가 없지만 부동산과 갖가지 재산은 팔고 떠나도 된다'는 단서 조항이 있었다.

하지만 4개월 내로 유대인들이 소유하고 있었던 모든 재산을 처분하기란 거의 불가능한 일이었고 이런 상황을 뻔히 알면서도 재산을 팔도록 허락한 것은 사실상 유대인들의 모든 재산을 빼앗으려는 의도가 너무나 다분했었다.

결국 어쩔 수 없이 유대인들은 자신들이 소유하고 있던 땅을 닭 몇 마리와 바꾸고 값비싼 가구들을 그저 포도 몇 송이와 바꾸어 거의 빈털터리가 되어 스페인을 떠날 수밖에 없었다.

이 칙령을 바로 알함브라 칙령 Alhambra Decree 이라고 부른다.

스페인은 왜 그랬을까?

당시 스페인은 오랜 전쟁으로 인해 국고가 부족했고 이 부족한 재정을 과거에도 그랬던 것처럼 또다시 유대인으로부터 재산을 빼앗아 충당하려고 했던 것이다.

그야말로 알거지가 되어 느닷없이 스페인에서 추방을 당해야 했던 유대인들은 그 이후에 영국과 네덜란드 등 다른 유럽 국가로 이주해 가게 된다.

이때 당시 스페인을 떠난 유대인들의 숫자가 약 17만 명 정도 되었다고 하는데 이들은 대부분 스페인에서 금융과 유통망을 장악하고 있던 사람들이었다.

그렇다면 유대인들이 떠난 이후 스페인은 어떻게 되었을까?

결국 60년 만에 스페인의 경제는 무너지고 스페인 왕국은 파산하기에 이른다. 그 이유는 그 당시 스페인에서 세금을 징수하는 사람도 유대인이었고 세금을 많이 내는 사람도 유대인이었는데 이들이 모두 떠나갔으니 경제가 지탱할 수 없었기 때문이다. 그뿐만 아니라 유대인들은 왕과 귀족들의 재정 관리도 도맡아 했었고 상업과 의학에 특별한 재능을 가지고 있어서 스페인 사회의 거의 모든 부분을 지탱하고 있었는데 이들이 모두 쫓겨났으니 스페인의 경제가 도탄에 빠지지 않을 수 없었다. 그 대신 유대인들이 새롭게 찾아간 네덜란드는 오히려 16세기부터 17세기까지 아주 큰 경제적 호황기를 맞이하게 된다.

종교 재판은 그 후에도 오랫동안 지속되다가 나폴레옹이 지배하면서 비로소 중단되었고 공식적으로 폐기된 것은 1834년이었다고 하니 스페인에서는 약 5백 년 동안이나 유대인들에 대한 대학살이 진행되어 왔던 것이다.

독일 나치가 1938년 11월 9일 수정의 밤Kristallnacht부터 시작한 유대인 대학살은 1945년 2차 세계 대전이 연합군의 승리로 끝나면서 막을 내렸다.

홀로코스트는 약 6년간 진행되었지만 스페인은 자그마치 5백 년 동안이나 유대인들을 끊임없이 불에 태우고 단두대에서 목을 자르고 그들의 재산을 빼앗았으며 고통을 주었던 나라이고 민족이다.

그런 나라와 민족이 유대인들을 향해 그들의 선조들이 당해야 했던 그 끔찍한 일에 대해 사죄를 하고 용서를 구해도 모자랄 판에 이렇게 유대인들이 끔찍하게 생각하는 줄무늬 옷을 만들어 팔 생각을 하고 다윗의 별이 들어간 제품을 디자인이라고 만들어 팔 생각을 어떻게 할 수 있을까?

독일은 과거 나치가 사용했던 나치당의 당기 하켄크로이츠Hakenkreuz, 일명 갈고리 십자가의 사용을 법률로 금지시키고 있다.

독일은 어떠한 경우에도 하켄크로이츠를 비롯해서 나치 제복과 나치 상징물들을 패션 의류에 디자인하거나 상품화하는 일은 절대로 없다. 만약에 그랬다가는 3년 이하의 징역형이나 벌금형에 처해지게 된다.

심지어는 예전에 히틀러가 했던 오른손을 높이 드는 경

례도 독일에선 절대적으로 금하고 있다.

그런데 스페인은 어떻게 과거 자신들의 선조들이 저질렀던 만행들을 사죄하지 않고 어떻게 돈을 벌기 위해 그런 디자인을 할 수가 있을까?

그나마 다행스러운 것은 아직까지는 이런 반유대주의적 행태를 고발하고 비난하는 사람들이 세상에 남아 있다는 것이다.

하지만 앞으로 이러한 무지함이 계속되고 사람들의 문화를 주도하는 기업들에서 실수인 척 반유대주의 상징을 대중에게 주입시키고 반유대주의적 흐름을 유도한다면 언젠가 유대인들이 겪은 그 참담한 죽음마저 하나의 상품으로 취급되며 그에 대한 정당한 비난이 오히려 시대에 뒤떨어진 행동이라며 비웃음 당하지 않을까 우려된다.

마치 과거 독일과 스페인 등 유럽 전역에서 유대인에 대한 반인륜적 행동들이 당연시 여겨졌던 것처럼 말이다.

유대인 대학살이라는 역사를 잊은 채 무지함으로 행한 스페인 패션 브랜드의 실수들은 사소한 것 같지만 사실 우리를 깨우는 경고와도 같다는 생각이 든다.

잔물결이 점점 커져 큰 파도가 되는 것처럼 또다시 세상을 덮을 반유대주의 파도가 몰려오고 있다.

그렇기에 우리는 이 거센 물결을 거슬러 반유대주의 참상을 기억하고 알아야 하며 또 알려야 한다.

**08**

# 말레이시아 총리, 반유대주의자인 것이 자랑스럽다?

    2019년 9월 미국의 컬럼비아 대학에서 세계 지도자 포럼이 열렸다.

    이 자리에 2018년 말레이시아의 새로운 총리로 선출된 마하티르 빈 모하메드Mahathir bin Mohamad가 참석했었는데 이 포럼에서 미국의 한 대학생이 말레이시아의 마하티르 총리에게 질문을 했다.

    마하티르 총리가 과거 영국 BBC 방송과의 인터뷰 도중에 홀로코스트 당시 유대인들이 정말 6백만 명이나 살해당했었는지 의심스럽다고 말한 부분, 그리고 자신의 블로그에 "나는 내가 반유대주의자로 분류된 것이 자랑스럽다"고 적었던 일들에 대해서 아직도 그렇게 생각하는지 설명해 달라고 했던 것이다.

한 나라의 총리가 자기 스스로 반유대주의자라고 밝힌 것도 놀랍고 또 그것이 자랑스럽다고 자신의 블로그에 썼다는 것도 참 놀랍지만 2차 세계 대전 당시 히틀러와 나치에 의해 무참하고 잔혹하게 살해된 유대인들에 대해 위로를 해 주지는 못할 망정 그 역사적 사실조차 부정하는 내용으로 방송 인터뷰를 했다는 것이 더 놀라울 뿐이다.

유대 민족을 향한 증오에 가득 찬 발언을 하고 그것이 자랑스럽다고 하는 말레이시아의 총리는 도대체 어떤 사람이며 그런 부분에 대해서 지적하고자 했던 컬럼비아 대학의 학생이 질문한 내용에 대해서 마하티르 말레이시아 총리는 과연 뭐라고 대답을 했을까?

마하티르 총리는 2018년 5월, 93세라는 최고령의 나이에 말레이시아의 제7대 총리로 선출된 인물이다.

93살의 나이로 과연 한 나라의 국정을 책임질 수 있을 만한지는 잘 모르겠지만 그의 이스라엘 미워하기는 단지 어제오늘만의 일이 아니었다.

그는 총리가 되기 훨씬 이전인 1970년 『말레이 딜레마』라는 자신의 책에서 유대인들은 모두 매부리코라고 비하하는 표현을 썼다고 한다.

그리고 이 부분에 대해 인터뷰에서 "많은 사람들이 말레이시아 사람들을 보고 두툼한 코를 가졌다고 말하지만 우리는 그걸로 전쟁을 일으키진 않는다"라며 마치 유대인들이 자신들의 코를 매부리코라고 했다는 이유만으로 전쟁을 일삼은 것처럼 말을 했다.

1983년, 이스라엘이 레바논과 전쟁을 치를 때에는 이스라엘을 세계에서 가장 부도덕한 나라라고 비난했다.

그리고 2018년, 마하티르는 말레이시아의 총리로 선출된 지 얼마 지나지 않은 9월 2일의 국제연합(UN) 총회 연설에서 "세계는 이스라엘이 국제법을 어기고 국제 해상에서 약과 음식, 건축 자재를 나르는 선박을 압류할 때에도 신경 쓰지 않았다. 이스라엘은 병원, 학교 등 다른 건물을 폭격하여 학생과 환자를 포함한 민간인을 죽이는 큰 보복을 했다"라고 이스라엘을 강력히 비난했다.

그 이후에 있었던 AP 통신과의 인터뷰에서도 "반유대주의는 잘못된 일을 하는 유대인들을 비판하는 것을 막기 위해 사람들이 발명한 용어이다"라고 하며 유대인들을 향한 감정과 분노를 그대로 드러냈다.

마하티르 총리는 말레이시아 프레스클럽에서의 연설에서 유대인이 국제 언론을 통제하고 왜곡된 보도를 통해 말레이시아를 불안정하게 만들려고 한다고 말했고 통화 위기 때에는 '국제 유대인 음모론'을 거론하기도 했다.

그뿐만 아니라 그가 쓴 글에서는 '유대인이 세상을 지배한다.'는 것을 믿는다고 했고 1983년에는 헨리 포드Henry Ford의 반유대주의 책인 『국제 유대인』이라는 책을 통일 말레이 국민 조직 회의에서 의원들에게 나누어 주기도 했었다.

말레이시아 수도 쿠알라룸푸르에서의 반 이스라엘 시위

마하티르의 반유대주의는 말레이시아의 문화에까지 영향을 미쳤는데 1984년 그의 정보부 장관은 뉴욕 필하모닉에 스위스 유대인 작곡가 에른스트 블로흐Ernst Bloch의 음악을 쿠알라룸푸르 콘서트의 연주곡 리스트에서 삭제해 줄 것을 요구했고 그런 요구를 받은 뉴욕 필하모닉은 결국 공연을 취소하기도 했다.

그뿐만 아니라 1994년 마하티르는 스티븐 스필버그의 영화 『쉰들러 리스트』가 유대인들의 지지를 얻기 위한 반독재적 선전이라며 말레이시아 상영을 금지시켰는데, 이런 소식이 세계에 알려졌고 국제적인 항의가 있은 후, 말레이시아 정부는 "그렇다면 맘에 안 드는 일곱 장면이 삭제된다면 이 영화를 받아들이겠다."라고 입장을 바꾸기도 했다.

이 소식을 들은 스티븐 스필버그 감독은 "내 영화에서는 어떤 장면도 삭제될 수 없다. 내 영화가 온전히 상영되지 않는다면 아예 상영하지 말라."라고 강하게 반발했다.

그 결과 말레이시아에서는 지금까지 스티븐 스필버그의 영화는 절대로 상영될 수 없게 되었다.

21세기 문명사회에 이 무슨 말도 안 되는 일인가?

2019년 7월 말, 말레이시아는 쿠알라룸푸르에서 개최하기로 했던 제9회 세계 장애인 수영 선수권 대회에 이스라엘 선수의 참가를 불허했다.

이스라엘이 팔레스타인 탄압에 침묵하고 있다는 이유 때문이었는데 그로 인해 결국 이 대회의 집행 위원장은 개최국이 정치적인 이유로 특정 국가 출신 선수를 배제하는 것은 스포츠 정신에 위배된다며 이 대회의 말레이시아 개최권을 박탈하기로 결정했다.

이스라엘을 미워하기는 마하티르 총리 이전 제6대 총리였던 나집 라작Najib Razak 전 총리도 마찬가지였다.

나집 전 총리는 2009년부터 2018년 5월 부패 혐의로 체포되기 전까지 말레이시아의 6대 총리직을 맡았었는데 그는 "우리는 언제나 팔레스타인의 대의를 위해 그들과 함께 싸워 왔고 싸우고 있으며 앞으로도 싸울 것이다."라고 말할 정도로 친팔레스타인 반이스라엘의 입장을 고수해 온 인물이다.

나집 총리 시절인 2016년 말레이시아는 다음 해인 2017년 국제 축구 연맹 FIFA 총회 개최국이었다.

그런데 말레이시아가 이스라엘 대표에게 입국 비자 발급을 거부하는 사태가 벌어졌고 FIFA는 말레이시아 정부의 이런 태도에 대해 강력히 경고했을 뿐만 아니라 만약에 이스라엘 대표에게 입국 비자를 끝까지 내주지 않는다면 말레이시아에서 FIFA 총회를 개최하지 못하도록 하겠다고 엄포를 놓았다.

그러나 말레이시아의 입장은 단호했다.

총회를 하지 못하는 한이 있어도 절대로 이스라엘 사람은 말레이시아 땅에 한 발자국도 들여 놓지 못하게 하겠다는 것이다.

말레이시아 정부의 반이스라엘 반유대인 정책은 해외 여행자들을 위한 여권에서도 잘 드러난다.

말레이시아 여권으로는 전 세계 163개국을 무비자로 방문할 수 있는데 유독 이스라엘 여행에만 큰 제약이 따른다. 심지어 말레이시아 여권의 앞 페이지에는 "이 여권은 이스라엘을 제외한 모든 나라에서 유효함"이라는 문구가 적혀져 있다.

말레이시아 국민이 이스라엘에 가기 위해서는 말레이시아 내무부의 특별 허가가 필요한데 이 허가를 받을 수 있는 경우는 콘퍼런스에 참석한다거나 비즈니스를 위한 회의 그리고 종교적인 이유 이렇게 세 가지이다.

종교적인 이유도 말레이시아의 무슬림과 기독교인에 한해서만 허용할 뿐이며 서류 절차가 아주 복잡해 허가받기가 쉽지 않다. 그러다 보니 이스라엘 여권을 가진 사람도 말레이시아 내무부의 허가를 받지 않고는 말레이시아를 방문할 수가 없다.

역사적으로 볼 때에도 말레이시아와 이스라엘 유대 민족은 특별히 전쟁을 치렀거나 이념적으로 부딪친 적이 없다. 워낙 두 나라가 지리적으로 거리도 멀다 보니 이해관계가 있을래야 있을 수도 없었다.

물론 현재 말레이시아에도 아주 소수의 유대인들이 살고 있긴 한데 그 역사는 기껏해야 백 년 조금 넘는다.

1895년 에스겔 므낫세라는 유대인이 유대인 최초로 말레이시아 페낭이라는 섬에 정착한 것이 말레이시아와 유대인과의 첫 만남이었다.

그러다가 제1차 세계 대전 이후, 몇몇의 더 많은 유대인들이 말레이시아에 정착하기 시작했다.

하지만 그 후 제2차 세계 대전 동안 전쟁의 포화 속에서 유대인들은 싱가포르로 피난을 떠났고 1963년까지 말레이시아에는 겨우 20여 가구만이 남게 되었다. 오늘날에는 약 100여 명의 유대인만 말레이시아에 거주하고 있을 뿐이다.

이것이 말레이시아와 유대인의 인연이라면 인연이다.

그런데 말레이시아의 정치 지도자들은 왜 그렇게 이스라

엘을 미워하고 반유대주의적 태도를 보이는 것일까?

그 이유는 말레이시아 인구 3천 3백만 명 중에 2천만 명 이상인 61%가 이슬람의 수니파 무슬림이라는 사실 외에는 다르게 설명할 방법이 없다.

국민들의 지지를 얻어야 하는 정치인들 입장에선 국민의 종교인 이슬람의 심기를 불편하게 할 이유가 없는 것이다. 그래서 말레이시아는 1957년 독립한 이후 지금까지 이스라엘 국가와 단 한 번도 어떠한 외교적 관계를 맺지 않았을 뿐만 아니라 아예 이스라엘을 합법적인 국가로 전혀 인정하지 않고 있다.

중동 문제에 대해서도 철저하게 같은 이슬람교도들인 팔레스타인의 입장을 적극적으로 지지해 왔고 이스라엘에 대해선 철저하게 비난해 왔다.

말레이시아 땅 어디에서도 이스라엘의 국기가 내걸리고 휘날리는 것은 절대로 용납하지 않지만 쿠알라룸푸르 도시를 달리고 있는 자동차들에 팔레스타인 깃발이나 마크가 그려져 있는 것은 어렵지 않게 목격할 수 있다.

말레이시아 국민들이 갖고 있는 반유대주의적 태도도 심각하다.

1997년 말레이시아에서 개최된 국제 크리켓 대회에 이스라엘 팀이 출전했을 당시 수백 명의 시민들이 분노하여 거리 시위를 벌였으며, 1986년 이스라엘의 하임 헤르조그 Chaim Herzog 전 대통령이 이웃 국가 싱가포르에 공식 방문했을 당시에도 시위대가 거리로 몰려나와 싱가포르와 이스라엘 국기를 태우며 항의했었다.

　그뿐만 아니라 2017년 미국의 도널드 트럼프 대통령이 예루살렘을 이스라엘의 수도로 인정한다고 발언하자 같은 해 11월 8일 말레이시아 국민들은 수도 쿠알라룸푸르에 있는 미국 대사관 앞으로 몰려가 강력한 항의 시위를 벌이기도 했으며 그때 SNS를 통해 미국에 본사를 둔 맥도널드가 이스라엘에 자금을 지원한다는 출처 불명의 글이 퍼지며 맥도널드 불매 운동을 벌이기도 했었다.

이스라엘 국기를 태우는 말레이시아 국민

미국의 유대계 시민 단체 ADL은 전 세계 국가의 국민 중에 반유대주의적 태도를 갖고 있는 비율이 얼마나 되는지 글로벌 설문 조사를 실시하고 있다.

예를 들어 2014년 조사에 따르면 인도는 국민 중에 20%가 반유대주의적 태도를 갖고 있고 이란은 국민 중에 56%가 반유대주의적 태도를 갖고 있다고 한다.

이란도 역시 전 대통령이었던 아마디네자드가 이스라엘의 모든 유대인을 지중해 앞바다에 수장시키겠다고 이야기할 만큼 반유대적, 반이스라엘적 태도를 갖고 있으니 이란의 국민들 중에 56%나 반유대적 태도를 갖고 있다는 것은 어찌보면 당연한 결과 아닐까?

그런데 말레이시아 국민들은 이란 국민들보다도 훨씬 높은 61%나 반유대주의적 태도를 갖고 있는 것으로 나타났다.

그러나 말레이시아와 이스라엘 사이에는 특이한 현상이 있다.

이렇게 말레이시아의 총리와 국민의 61%가 반유대주의이고 이스라엘을 미워하는데 오히려 경제적으로는 말레이시아와 이스라엘이 활발한 관계를 맺어 오고 있다는 것이다.

통계에 의하면 말레이시아와 이스라엘과의 경제 교류는 2013년 15억 2,900만 달러에 달했는데 이 수치는 그 전년도인 2012년에 발생한 무역의 두 배가 되는 셈이며 지금도 계속 늘어나고 있는 상황이다.

그러니까 이스라엘과 유대인은 싫지만 그들이 갖고 있는 돈이나 그들의 첨단 기술은 필요하다는 것이다.

말레이시아의 총리가 이렇게 반유대주의를 부르짖는 또 다른 이유는 그들이 어떤 정치적인 위기를 맞닥뜨릴 때 특히 자신들의 비도덕적인 비리 또는 부패 스캔들이 드러나서 정치 생명이 위태로울 때마다 반유대주의적 발언과 행동이 좋은 명분이 되며 이를 통해 국민들의 61%가 무슬림인 말레이시아 사람들에게 지지를 얻을 수 있다는 것이다.

2016년 말레이시아 정부가 국제 축구 연맹 총회에 이스라엘 대표를 입국시키지 않아서 결국은 총회 자체를 포기했던 그 시기에 나집 전 총리는 말레이시아의 국영 기업을 통해 2013년 총선 직전 7억 달러의 비자금을 조성했다는 의혹에 시달리고 있었다.

그런 와중에 이스라엘 대표단까지 말레이시아에 입국하게 되는 것을 국민들이 좋아할 리가 없을 것 같으니 이런 결정을 내렸던 것이다.

한편 이 비자금의 출처에 대해 말레이시아 법무 장관은 사우디 왕실로부터 받은 선물이라고 주장했다.

그리고 나집 전 총리와 같은 당인 '통합 말레이 국민 조직' 소속 교통부 차장은 "만약 2013년 총선에서 우리가 졌다면 라이벌 당인 민주 행동당이 정권을 잡았을 것이다. 그리고 그들은 유대 자본을 통해 이 나라를 지배했을 것이다. 이런 사실을 통해 중동의 우리 무슬림 친구들은 민주 행동당을 통한 유대인의 위협을 짐작할 수 있었다"라고 했다.

즉, 이 말은 이 수수께끼의 아랍 왕자가 말레이시아를 유대인으로부터 보호하기 위해 7억 달러를 총리의 은행 계좌에 보냈다는 것이다.

그리고 놀랍게도 이러한 설명은 말레이시아의 일반 대중이 이해하고 공감해 줄 수 있는 명분을 제공해 준다.

자신이 반유대주의자인 것이 자랑스럽다고 이야기하는 고령의 마하티르 모하메드 말레이시아 총리 역시 마찬가지이다.

나이가 너무 많기 때문에 과연 한 나라의 살림을 잘 이끌어 갈 수 있겠냐는 국민들의 걱정과 우려가 나오자 마하티르 총리는 늘 그래 왔던 것처럼 또다시 반유대주의를 부르짖으며 무슬림 국민들에게 지지를 얻으려는 것이다.

미국 컬럼비아 대학의 학생의 질문에 대한 마하티르 말레이시아 총리의 답변은 과연 어땠을까?

"나는 표현의 자유에 대한 권리를 행사할 뿐이다. 학생이 나에게 반유대주의적이어서는 안 된다고 말한다면 나는 더 이상 표현의 자유를 누릴 수 없는 것이다. 많은 사람들이 나에 대해 그리고 말레이시아에 대해 나쁜 말들을 할 때에도 나는 그들에게 항의하거나 시위하지 않았다. 그런데 왜 내가 유대인들에 대해서 불리한 말을 할 수 없단 말인가?"

물론 누구에게나 표현의 자유는 있다. 그리고 생각이 다를 수 있다.

하지만 말레이시아는 지정학적으로도 이스라엘과 멀리 떨어져 있고 또 역사적으로도 유대 민족과는 특별히 이해관계가 있지도 않다.

개인적으로 마하티르 총리가 지금까지 인생을 살아오면서 혹시 유대인들에게 뭔가 감정이 상할 일을 겪었거나 안 좋은 기억이 있을지는 모르겠지만 한 나라의 총리가 어느 특정한 민족을 향해 증오의 마음을 갖고 그것을 자랑스럽다고 공공연하게 말하는 것은 정치 지도자답지 않다. 더군다나 역사적으로도 그렇고 수많은 증거가 있음에도 불구하고 6백만 명이라는 홀로코스트 희생자의 수에 대한 의문을 제기하는 것은 아무리 본인의 생각이 그렇다 하더라도 그런 발언은 정말 신중했어야 했다.

말레이시아의 마하티르 총리는 자신이 반유대주의자라고 생각하는 것은 결코 자랑스러워해야 할 일이 아니라 부끄럽게 생각해야 할 일이다.

적어도 한 나라의 국정을 이끌어 가는 총리라면 말이다.

## 09

# 아시안 컵에선 왜 이스라엘을 볼 수 없는가?

　　　　　아시아인은 물론 전 세계 축구 팬들을 흥분시켰던 2019 아시안 컵 대회가 1월 5일부터 2월 1일까지 아랍에미리트에서 열렸다.

　이제까지 열린 아시안 컵 대회 중에서 가장 많은 참가국인 24개 나라의 젊은이들이 모여 둥그런 축구공을 사이에 두고 서로 경쟁을 하며 우승을 향해 열심히 달리고 공을 찼다.

　그런데 2019 아시안 컵 대회에는 이스라엘 바로 위에 있는 레바논, 시리아가 참가했고 이스라엘 바로 오른쪽에 있는 요르단과 이란, 이라크가 참가했을 뿐만 아니라 팔레스타인도 참가했다.

그런데 왜 같은 대회에서 이스라엘 축구팀은 보이지 않고 이스라엘이라는 이름조차도 볼 수 없었던 것일까?

이스라엘 축구 선수들이 축구를 못해서 이번 2019 아시안 컵 대회에 출전하지 못했던 것일까?

2018년 FIFA 랭킹에 따르면 팔레스타인은 99위, 요르단은 109위에 올라 있지만 이스라엘은 90위로 기록되어 있다.

그런데도 이스라엘이 이번 아시안 컵 대회에 출전하지 못했던 이유는 정치와 종교와 이념과 문화의 장벽을 넘어 오직 공정하고 건강한 경쟁만이 있어야 하는 스포츠에서도 이스라엘 보이콧이 적용되었고 이스라엘 축구팀이 아시아 축구 연맹에서 축출당했기 때문이다.

1928년 유대인들로 구성된 팔레스타인 축구 협회를 창설한 이스라엘은 1948년 건국 이후 지리적 기준으로 아시아 축구 연맹 AFC에 편입되었었다.

그리고 그 후에 1956년 홍콩에서 개최된 제1회 아시안

* 1956년 당시 아시안컵 대회에 참가한 이스라엘 팀
* 1960년 당시 준우승을 차지한 이스라엘팀

컵 대회에서 우리나라가 우승을 하고 이스라엘이 준우승을 했으며 이듬해인 1960년 우리나라에서 열린 제2회 아시안 컵 대회에서 역시 우리나라가 우승을 하고 이스라엘이 나란히 준우승을 했다.

심지어 1964년엔 제3회 아시안 컵 대회를 이스라엘에서 개최하면서 이스라엘이 우승을 하고 인도가 준우승을 차지하기까지 했다.

이렇게 이스라엘은 아시안 컵 대회와 인연이 많은 나라였다.

그런데 인도네시아가 문제를 삼았다.

1962년 아시안 게임 개최국인 인도네시아가 이스라엘의 참가를 거부하면서부터 스포츠계에서의 이스라엘 보이콧이 본격적으로 시작된 것이다.

그리고 1974년 아시안 게임에서 북한과 쿠웨이트가 이스라엘과의 경기를 거부하는 것을 시작으로 월드컵 예선에서도 이스라엘을 거부하는 나라가 생기기 시작했고 결국 1976년 아시아 축구 연맹은 오일 달러의 위세에 굴복하여 국제 축구계의 비난 여론에도 불구하고 이스라엘을 내쫓기로 결정했다.

그로부터 한참 뒤인 1992년 이스라엘 축구팀은 유럽 축구 연맹의 가입이 승인되어 지금까지 유럽 축구 연맹에 소속되어 이번 아시안 컵 대회에서 시리아, 레바논, 요르단 같은 나라는 뛸 수 있었어도 이스라엘 팀은 볼 수가 없었던 것이다.

1964년 이스라엘에서 개최된 대회에서 우승을 차지한 이스라엘 팀

# 10
# 유대인이 만든 건
# 팔지도 사지도 말자

　　이렇게 이스라엘 선수를 국제 대회에 참가시키지 못하게 한다든지 또는 이스라엘 선수가 참가하는 국제 대회에 함께 참가할 수 없다며 빠지는 것은 일종의 이스라엘을 향한 BDS 운동의 일환이다.

　　BDS란 불매Boycott, 투자 철회Divestment, 경제 제재Sanction의 약자인데 주로 이렇게 이스라엘을 대상으로 할 때 많이 쓰여 왔다.

　　이스라엘 국가의 존립 자체를 팔레스타인 땅에 대한 불법 점령이라고 단정 짓고 그에 따른 책임을 묻는다며 이스라엘에서 생산되는 제품의 불매 운동을 벌인다든가 이스라엘의 기업, 또는 친이스라엘의 제3국 기업과 거래를 못 하게 하고 문화, 학문 등 여러 분야에 걸쳐 교류를 못 하게 하는 일종의 캠페인이다.

전 세계 아랍 국가 동맹을 통해 그리고 전 세계인들 중에 이스라엘에 대해 반감을 갖고 있는 사람들을 동원해 이스라엘을 향해 경제적으로 타격을 주고 국제 사회에서 고립시키겠다는 것이 BDS 운동의 근본 목적이다.

BDS 운동은 2005년에 팔레스타인 시민 단체의 움직임으로부터 시작된 이후 삽시간에 아랍 연맹으로 확산되었고 그 덕분에 2010년 이후 유럽 내에서도 점차 거세지기 시작했다.

BDS 운동

급기야는 2015년 11월 유럽연합이 유대인 정착촌에서 생산되는 수출품에 생산지 표시를 의무화하기 시작했는데 유럽연합의 이스라엘 제품 원산지 표기 지침에 따르면 이스라엘 기업이 서안 지구 유대인 정착촌에서 만든 제품은 Made in Israel이 아니라 Made in Settlement라는 라벨을 부착해야 한다.

아일랜드는 지난 2018년 7월 서안 지구 내 유대인 정착촌에서 생산된 상품의 수입을 금지하는 법을 승인했는데 이 법안에 따르면 정착촌 생산품 수입은 형사 범죄로 간주되며 위반 시 최대 5년 징역 또는 25만 유로의 벌금형이 부과된다.

그런가 하면 지난 2018년 11월에는 숙박 공유 플랫폼인 에어비앤비Airbnb가 이스라엘 정착촌 마을의 공유 숙소 200여 곳을 서비스 제공 숙소 목록에서 삭제하겠다고 발표했다.

팔레스타인과 인권 단체 등이 오랫동안 해당 지역에서 운영되는 공유 숙소를 서비스 목록에서 삭제해 줄 것을 계속해서 요구하고 있다.

이유는 국제적으로 분쟁이 있는 지역의 숙소를 에어비앤비 손님들에게 소개할 수가 없다는 것이다.

에어비앤비는 지금까지도 티베트나 북키프로스 같은 다

른 분쟁 지역에서도 영업을 하고 있으면서 유독 유대인 정착촌의 목록만을 삭제한다는 것은 분명히 형평성에 어긋나는 것이다.

이스라엘이 제조하는 제품 중에 소다 스트림Soda Stream이라는 것이 있는데 이 제품의 광고 모델이 영화 『나홀로집에3』와 『어벤져스』에 출연했던 유명한 미국의 할리우드 배우 스칼렛 요한슨Scarlett Johansson이다.

그때 당시 그녀는 동시에 국제 구호 단체인 옥스팜Oxfam의 홍보 대사이기도 했었는데 옥스팜은 스칼렛 요한슨에게 이스라엘의 소다 스트림 광고 모델과 옥스팜의 홍보 대사 둘 중의 하나만 선택하라고 요구했고 스칼렛 요한슨은 소다 스트림 광고를 선택했다.

이스라엘 내 교도소를 감시하는 경비 업체는 영국의 보안 전문 업체인 G4S이다.

이 회사도 역시 2015년 영국에서 일어났던 BDS 운동으로 인해 이스라엘에서 철수할 것을 강력히 요구받아 결국 이스라엘에서의 경비 사업을 철수할 수밖에 없었다.

이스라엘 보이콧 운동은 선박과 항공 화물 분야에서도 일어났다.

미국의 샌프란시스코 항구에서 시위대는 이스라엘 선박

진입을 4일 동안 중단시켰고 이 시위는 시애틀과 타코마까지 확산되었으며 로스앤젤레스에서는 이스라엘 항공기의 화물을 34시간 동안 저지시켰다.

벨기에, 노르웨이 등에선 일부 공공 기관이 나서서 이스라엘 기업에 대한 투자를 철회하기도 했다.

당연히 이스라엘은 BDS 운동이 자국을 파괴하려는 반유대주의 활동이라고 규정하고 거세게 반발했다.

그뿐만 아니라 BDS 운동이 활발한 국가를 중심으로 해당 국가의 이스라엘 대사관에 BDS 캠페인 감시 및 제지를 담당할 전문 요원을 파견하거나 자국 기업을 보이콧하는 외국인의 입국을 금지시키는 법안을 통과시키는 등 꾸준히 맞대응을 해 오고 있다.

영국의 록 밴드 중에 옥스퍼드에서 1992년 결성되어 'Pablo honey', 'OK computer' 라는 곡으로 유명하고 3천만 장 이상의 음반이 판매될 정도로 대중적으로도 인기가 있는 라디오헤드Radiohead라는 그룹이 있다.

이 록 밴드가 2017년 7월 19일 이스라엘에서 콘서트를 하겠다는 계획을 발표하자 영국의 켄 로치Ken Loach라는 영화감독이 라디오헤드의 이스라엘 콘서트 계획을 취소하라는 편지를 공개적으로 보냈다.

하지만 라디오헤드의 리더인 톰 요크는 자신의 트위터를 통해 '어떤 나라에서 공연한다고 그 정부를 지지하는 것은 아니다'라고 글을 남기면서 '예술과 학문은 국경에 벽을 세우는 게 아니라 넘나드는 것이어야 하며 표현의 자유와 대화를 함께 누리는 행위여야 한다.'고 주장했다.

결국 라디오헤드는 8차례에 걸쳐 이스라엘에서 공연을 했는데 이 공연은 BDS 운동이 시작된 이후로 첫 이스라엘 공연이라고 한다.

그렇다면 우리나라에서의 BDS 운동은 어떨까?

2014년 8월 말 제11회 EBS 국제 다큐 영화제가 열리기로 되어 있었다. 이 다큐 영화제에서는 주한 이스라엘 대사관의 후원으로 이스라엘 다큐멘터리 컬렉션과 콘퍼런스, 그리고 특별전이 열릴 예정이었다.

한국의 반유대주의 기사

그런데 우리나라 영화계 종사자 129명이 대사관 후원 및 특별전 철회를 요청하며 보이콧을 선언했고, 결국 이 캠페인은 성공하여 2015년 서울 인권 영화제 등 19개 영화제 및 단체들이 BDS 운동에 동참을 선언하는 성과로 이어졌다.

그뿐만 아니라 이때 당시 우리나라의 시민 단체는 이스라엘산 탄산수 제조기인 소다 스트림과 자몽, 레몬 등 이스라엘산 과일에 대한 불매 운동을 펼쳤었다.

우리나라 교회는 어땠을까?

기독교 내에서도 '팔레스타인 평화를 위한 한국 그리스도인 네트워크'라는 것을 결성하여 기독교 장로회 등 일부 교단에서 이스라엘 기업에 대한 투자 철회를 검토하는 것으로 알려졌으며 참여 연대 등 시민 단체는 이스라엘과의 무기 거래와 군사 원조의 중단을 요구하는 질의서를 우리 정부에 보냈다.

BDS 운동은 결국 우리나라 기업에까지 불똥이 튀었다.

우리나라의 현대 중공업의 포클레인이 팔레스타인인들의 집과 공동 시설을 파괴하는 데 사용되고 있다며 현대 기업 제품에 대한 불매 운동을 벌이기도 했다.

그렇다면 왜 이렇게 이스라엘을 향한 BDS 운동이 일어나는 것이며 사람들은 왜 이 운동에 동조를 하는 것일까?

BDS 운동은 아랍 국가에서 부르짖기 시작했다.

이스라엘 축구팀을 아시아 축구 연맹에서 쫓아낸 국가가 이슬람 국가인 인도네시아였고 이스라엘 수영 선수들의 입국을 금지시켰던 국가는 이슬람 국가인 말레이시아였다.

아랍 국가들은 1948년 이스라엘의 건국 자체를 못마땅하게 생각하고 이스라엘이 건국되자마자 전쟁을 일으켰던 1차 중동 전쟁의 장본인들이 아닌가?

그 후에 2차 중동 전쟁, 3차 중동 전쟁, 4차 중동 전쟁을 통해 이스라엘을 지구상에서 없애 버리겠다고 부르짖었던 국가들이 아닌가?

이 아랍 국가들이 전쟁을 통해 이스라엘을 없애 버릴 상황이 안 되니까 이제는 국제적인 여론을 선동해서 경제적으로, 문화적으로, 정치적으로 고립시키겠다는 것이다.

아랍 국가들은 평소에 중동 문제나 이스라엘 건국 역사에 대해 아무런 관심과 아는 바가 없는 일반인들에게 자기들의 주장을 강조하려다 보니 이스라엘과 팔레스타인 간의 문제를 부각시키고 이스라엘이 불법 점령하고 있다거나 이스라엘 군인들이 잔인하게 팔레스타인의 아랍 사람들을 학대하고 학살하고 있다는 것을 부각시킬 수밖에 없었다.

거기에다 이스라엘에 대한 반감을 갖고 있는 서방 언론이나 아랍 언론들이 일방적으로 쏟아 내는 뉴스 보도와 이스라엘 군인들의 자극적인 화면을 통해 일반인들에게 분노와 공분을 사게 해서 이 BDS 운동에 동참하게 하려는 것이다.

평소에 중동 문제에 깊은 관심이 없었던 사람들이 아랍 국가들의 이런 자극적인 전략에 순간적으로 분노하며 약자의 편에 선다는 생각으로 함께 동조하게 되는 것이다.

이스라엘 군인들이 가자 지구의 민간인 여자나 어린아이들을 잔인하게 죽였다는 신문 기사는 어느 쪽에서 나온 것이며 과연 그 기사는 정확한 것일까?

가자 지구의 하마스가 얼마나 잔인하게 민간인 여자와 아이들을 자신들의 방패막이로 활용하며 그들이 어떻게 해서든지 이스라엘 군인에 의해 희생당하도록 내몰다가 그 결과가 자신들이 의도한 영상이 촬영되면 그 영상을 전 세계로 내보내는 잔인한 언론 플레이에 대해서 알고는 있는가?

팔레스타인 시위대는 반드시 어린아이들을 시위대 맨 앞에 선발대로 내세워 그 아이들이 피를 흘리고 다치고 죽게 하고 그 상황을 지켜보고 있는 시위 현장의 아랍 카메라

기자들이 촬영하는 것이 그들의 시위 방식이다.

  2014년에 EBS 방송국이 주최하려고 했던 이스라엘 영화 특별전을 보이콧했던 129명의 우리나라 영화인들이 평소에 이스라엘과 중동 문제에 얼마나 관심이 있었으며 그들 중 이스라엘의 건국 역사에 대해서 정확히 아는 사람이 몇이나 될까?

  그렇게 보이콧에 동참했던 사람들이 지금 팔레스타인과 이스라엘 간에 벌어지고 있는 갈등의 역사와 현재의 상황에 대해서 비교적 정확히 알고 있을까? 이스라엘이나 팔레스타인 땅에 단 한 번이라도 발을 밟아 본 적이 있고 도대체 그곳에서 지금 무슨 일이 일어나고 있는지 알아보기 위해 노력했을까? 팔레스타인인에 대한 인권을 생각한다면 팔레스타인 자치 정부의 비리와 그 속에서 일어나고 있는 부정부패로 많은 팔레스타인 아랍인들이 가난과 배고픔에 시달리고 있다는 것에 대해서 알아볼 생각을 했을까?

  지금까지 소개한 이 내용에 대해서 아무리 생각해도 공감이 되지 않고 아직도 이스라엘이 못마땅해서 아랍 국가들이 주장하는 대로 BDS 운동에 동참하고 싶다면, 그래서 이스라엘을 정말 국제 사회에서 고립시키고 경제적으로 고립시키고 싶다면 그런 생각을 가진 이들에게 진정으로 완벽하게 이스라엘을 보이콧하고 이스라엘에 경제 제재를 하기 위한 방법을 소개하겠다.

먼저 우리가 일반적으로 사용하는 컴퓨터, 노트북, 태블릿 PC에서 인텔의 펜티엄과 셀러론을 빼야 한다. 이것들은 모두 이스라엘에서 개발 또는 제조되었으니까 말이다.

책상 위에 있는 컴퓨터가 지금도 여전히 작동되고 있다면 그 컴퓨터에 백신과 보안 프로그램이 설치되어 있을 텐데 그렇다면 이 프로그램도 역시 이스라엘이 개발했으니 삭제해야 한다.

그리고 마이크로소프트 운영 체제도 사용해선 안 된다. 마이크로소프트는 이스라엘의 연구 개발 센터에 상당히 의존하고 있다.

현대인이라면 누구나 빠짐없이 손에 들려 있는 스마트폰으로 문자를 보내지도 말고 받지도 말아야 한다. 이 문자를 주고 받는 기능도 이스라엘에서 개발했다.

4G 폰도 쓰면 안 된다. 그 안의 칩셋이 이스라엘 제품이다.

이스라엘을 보이콧하고 싶으면 애플 기기인 아이폰과 아이패드도 사용해선 안 된다. 그 속에도 이스라엘산 칩이 내장되어 있기 때문이다.

전기차에도 대부분 이스라엘산 배터리가 적용되어 있으니 이스라엘 제품이 싫은 사람들은 전기차도 타면 안 된다.

또한 모든 개인 약품을 없애야 한다.

이스라엘의 제약 회사 테바TEVA는 세계 최대의 복제약 기업으로 수많은 약을 생산했기 때문이다.

그리고 수십 년간 이스라엘 과학자들이 여러 질병의 약과 치료법을 개발하는 데 앞장서 왔다는 사실을 안다면 암, 에이즈HIV를 위한 약이나 치료법을 사용해선 안 된다.

특히 바이러스와 암 억제 효과가 있는 인터페론 단백질도 이스라엘의 발명품이다.

이스라엘이 싫어서 이스라엘 제품을 도무지 이용하고 싶지 않은 이들은 정말 큰일 났다. 앞으로 비행기도 타면 안 되니까 말이다. 우리가 탑승하고 이륙해야 할 비행기를 견인하는 차들이 이스라엘 제품이다.

여행갈 때 짐을 샘소나이트 캐리어에 담았다면 그 캐리어도 사용하지 말아야 한다. 왜냐하면 샘소나이트도 유대인 회사이기 때문이다.

혹시 당신의 손에 USB가 있다면 그리고 샌디스크SanDisk 메모리 카드도 있다면 그것마저 과감히 집어던져 버려야 한다. 이스라엘의 발명품이니까.

초소형 카메라가 담긴 캡슐 필캠Pillcam은 삼킬 수 있는 캡슐 내시경으로 위장관을 따라 이동하며 몸 속 상태를 촬영해서 몸 밖으로 화면을 송신하는 장비인데 이것도 이스라엘의 발명품이다.

정말 이스라엘이 싫다면 냉장고에 있는 방울토마토를 모두 내다 버려야 한다.

그것도 이스라엘에서 품종 개발한거니까.

혹시 자동차에 그리고 휴대폰에 내비게이션이 있다면 그것도 역시 이스라엘이 맨 처음 개발해 낸 것이므로 모두 내다 버려야 한다.

정말 이스라엘을 보이콧하고 싶다면 제대로 해야 하지 않을까?

우리는 이렇게 우리의 생활 속에 알게 모르게 이스라엘과 깊게 연결되어 있다.

이스라엘이 싫어서 이스라엘을 제대로 보이콧한다면 우리의 생활 자체가 불가능하게 될지도 모르는 일이다.

이스라엘은 절대 완벽하게 보이콧할 대상이 아니다. 어느 한 가지만 보이콧한다고 해서 이스라엘 보이콧이 되지 않는다는 얘기이다.

이미 유럽 축구 연맹으로 옮겨 간 이스라엘 축구팀이 다시 아시아 축구 연맹으로 돌아와 아시안 컵 대회에 출전할 날은 오지 않을 것 같다.

축구팀은 다시 돌아오지 않겠지만 우리는 이스라엘을 더 알리고 노력해야 하며 더 가까워져야만 한다.

정치적으로, 군사적으로도 이스라엘과 친밀하게 교류하며 서로가 갖고 있는 군사 정보도 나누고 이스라엘의 화물선이 우리나라 앞바다에 도착하고 이스라엘의 젊은이들이 우리나라에 여행도 오고, 이스라엘의 영화도 상영하게 하고, 이스라엘의 가수가 콘서트도 하는 그런 날이 와야 하지 않을까?

또 그 반대로 우리나라도 국방, 경제, 교육, 문화적 교류를 위해 이스라엘로 많이 찾아가야 한다.

더욱이 그리스도인에게 이스라엘은 보이콧의 대상이 아니라 그들에 대한 관심과 위로와 사랑과 긍휼의 대상이라는 것을 알아야 한다.

# 11

# UN이 벌이고 있는 반유대주의

2017년 6월 7일, UN 주재 미국 대사 니키 헤일리Nikki Haley가 이스라엘을 방문한 당시 베냐민 네타냐후 총리를 만난 자리에서 "이제 UN에서 이스라엘에게 새로운 날이 열렸다. 내가 가장 참지 못하는 것은 이유 없는 괴롭힘이며, 지금까지 UN은 이스라엘을 괴롭혀 왔다"라고 말했다.

도대체 그동안 이스라엘과 UN 사이에 무슨 일이 있었으며 UN은 이스라엘을 어떻게 괴롭혀 왔던 것일까?

United Nations, 즉 국제연합은 1920년 1차 세계 대전 이후 만들어졌다가 2차 세계 대전 이후 폐지된 국제 연맹을 계승하여 1945년 10월 창설되었다. 창설 목적은 국제연합 헌장 제1조가 밝히고 있듯이 국제 평화와 안전 유지이다.

현재 총 193개국이 회원국으로 가입되어 있고 주요 기구로는 모든 회원국이 참여하는 최고 의결 기관인 총회와 5개의 상임 이사국과 10개의 비상임 이사국으로 이루어져 국제 평화와 안전 유지를 담당하는 안전보장이사회 등이 있다.

이렇듯 겉으로 보기엔 세계 평화의 수호자인 것 같은 국제연합이 그동안 이스라엘을 대하는 태도를 본다면 정말 놀라지 않을 수 없다.

제7대 UN 사무총장이었던 코피 아난Kofi Annan 또한 "이스라엘을 지지하는 사람들은 이스라엘이 다른 국가에는 적용되지 않는 엄한 기준으로 심판대에 오른다고 말하는데 몇몇 국제연합 기구 안에서 그러한 일이 실제로 많이 벌어진다."라고 말했다.

제8대 UN 사무총장이었던 반기문 역시 "국제연합은 이스라엘에 대한 불균형적인 집중을 하고 있으며 이는 국제연합의 본래 역할을 효과적으로 이행할 수 없도록 하고 있다"라고 말한 바 있다.

그 실례를 보면, 2015년 한 해 동안 국제연합 총회는 테러 단체를 공공연히 후원하는 이란, 20만 명 이상의 자국민을 살해한 시리아, 인권 유린의 대표 국가인 북한에 대해서 단 한 개씩의 비난 결의안만 채택했다.

하지만 2012년부터 2015년까지 국제연합 총회가 채택한 97개의 국가 규탄 결의안 중 무려 86%에 달하는 83개의 결의안이 모두 이스라엘을 규탄하는 것이었고 2015년에는 무려 20개나 채택을 했다.

그뿐만 아니라 2006년 6월에 만들어진 국제연합 인권 위원회는 2016년까지 총 135개의 국가 규탄 결의안을 통과시켰는데 그중 68개가 이스라엘을 겨냥한 것으로 이는 50%가 넘는 비율이다.

이스라엘을 제외한 다른 어느 국가에 대해서는 어떠한

UN

비난도 하지 않았던 유네스코는 매년 이스라엘만 비난하는 10개의 결의안을 채택하다가 유엔 워치UN Watch의 압력에 의해서 2013년 이례적으로 시리아에 대해 단 한 개의 결의안을 채택했을 뿐이었다.

　세계 보건 기구의 결정 기관인 국제연합 세계 건강 의회 UN World Health Assembly는 매년 한 차례 열리는 국제 건강 정책 회의에서 '동예루살렘과 골란고원을 포함한 점령된 팔레스타인의 건강 상태'에 대한 결의안을 매년 채택하여 이스라엘을 비난하고 있다.

　이렇듯 이스라엘은 세계 보건 기구의 비난을 받는 유일한 국가이다.

　이스라엘은 중동 유일의 민주주의 국가이다.

　뉴스만 보더라도 무슬림 극단주의자들의 테러, 중동의 독재 정권으로 인한 난민 문제, 북한의 우리 동포에 대한 문제가 얼마나 심각한가?

　이스라엘이 이보다 더 잘못한 것이 있다면 지금처럼 국제연합의 집중 규탄을 받을 수도 있겠지만 국제연합은 다른 독재 국가들이 아닌 유독 이스라엘을 비난하는 데 앞장서 왔다.

　왜 국제연합은 이렇게 이스라엘을 괴롭히는 것이며 이

러한 불균형은 도대체 무엇으로 설명할 수 있을까?

국제연합은 이스라엘에 대해서 이렇게 비판적이지 않았었다. 오히려 1947년 팔레스타인 땅에 이스라엘 국가가 세워지는 데 아주 결정적인 역할을 했지만 시간이 지나면서 국제연합의 분위기가 변화하기 시작한 것이다.

1960년대 후반 미국과 소련이 양분하던 국제연합의 흐름에 냉전 시대가 막을 내리며 아주 중대한 변화가 생기기 시작한다.

그때 당시 82개국이었던 회원국은 제3 세계 국가들이 국제연합에 가입하기 시작하면서 갑자기 126개국으로 늘어나고 대부분의 신생 회원국들은 막 독립한 식민지 국가들로서 국제연합 내에서 비동맹 운동을 이끌게 된다.

그리고 거의 동시에 이스라엘과 적대적인 관계를 갖고 있는 아랍 이슬람 국가들이 국제연합에 대거 포진하게 된다. 이들의 주요 어젠다Agenda는 반식민지화로써 미국과 유럽 국가들과 맞서는 것이었다.

반서구주의, 반미국이라는 새로운 흐름과 많은 아랍 이슬람 국가들이 포함된 비동맹 운동The Non-Aligned Movement이 국제연합의 영향력이 커지기 시작하면서 중동 문제에 접근하는 국제연합의 방식이 바뀌기 시작한 것이다.

아랍-소련-제3국가 연합은 오일 파워를 앞세워 이스라엘을 파괴하려는 공동 목적을 가지고 힘을 합치기 시작하면서 1970년대 중반부터 국제연합 내에서 팔레스타인에 힘을 실어 주며 반이스라엘 결의안을 통과시키기 시작한다.

1974년 10월, 국제연합UN 총회는 현대 테러리즘의 아버지라 불리고 팔레스타인 자치 정부 수반인 야세르 아라파트Yasser Arafat를 연설자로 초대하는 것을 투표에 부쳤다.

이 투표에서 무려 찬성 105표, 반대 4표로 야세르 아라파트는 드디어 UN의 강단에 설 수 있게 되었다. 이 투표에서 반대한 국가는 오직 미국, 이스라엘과 두 개의 남미 국가뿐이었고 유럽 국가 중 반대한 곳은 단 한 국가도 없었다.

UN에서 공식 연설자로 초청받는 것은 그의 사상과 목적을 인정하고 받아들인다는 의미가 있다.

드디어 UN의 강단에 선 야세르 아라파트는 그 자리에 참석한 모든 나라의 대표들에게 날조된 팔레스타인의 뿌리에 대해 연설하며 유대 국가가 팔레스타인을 1881년부터 침략했으며, 자신은 앞으로 식민지주의, 인종 차별, 제국주의에서 자유로운 나라를 만들겠다는 다짐을 밝혔다.

야세르 아라파트가 이 자리에서 조준하고 싶었던 것은

바로 시오니즘, 이스라엘이었고 그의 연설에 UN의 각 국가 대표자들은 열렬한 기립 박수로 응답했다.

그 이후 국제연합에 팔레스타인의 권리를 부르짖는 새로운 바람이 불기 시작하는데 특히 UN 사무국은 팔레스타인 선전 기관처럼 변하여 각종 친팔레스타인 영화, 전시회, 국제 콘퍼런스, 세미나를 주최하기에 이른다.

그리고 1947년 유대 국가 이스라엘을 인정했던 UN 총회는 30년도 안 된 1975년 팔레스타인 해방 기구를 팔레스타인 민족의 유일한 합법적 대표로 인정하게 되고 그와 동시에 시오니즘을 인종 차별주의로 명명하는 결의안 3379를 통과시킨다.

이는 결코 사소한 문제가 아니었다. 고대 유대인들이 고국 팔레스타인에 유대 민족 국가를 건설하는 것을 목표로 한 유대 민족주의 운동을 인종 차별이라고 명명하는 것은 이스라엘의 존재가 비합법적이라는 것을 암시하는 것이기 때문이다.

그 당시 미국 대사 다니엘 모이니한Daniel Moynihan은 이 결의안을 "터무니없는 결의안"이라고 했으며, 이스라엘 대사 하임 헤르조그Chaim Herzog는 "이는 증오와 거짓, 교만에 기반한 결의안이며 히틀러가 UN의 이 결정을 듣는다면 마치 고향에 온 것 같은 느낌을 받을 것"이라고 말하기도 했다.

오일 머니를 통해 정치적 영향력을 행사하는 아랍 국가들의 횡포 그리고 그 당시 서구와 이스라엘의 연합을 훨씬 능가하는 아랍 국가들-이슬람 제국 회의 기구-비동맹 운동-소련의 연합이 이런 일을 가능하게 했다.

1982년 UN 총회에서 다수를 차지한 아랍 국가들은 이스라엘은 평화를 사랑하는 국제연합의 멤버가 아니며 헌장에 명시된 의무를 지키지 않고 있다는 새로운 결의안을 추가한다.

동시에 모든 UN 가입 국가들은 이스라엘을 완전히 고립

UN 회의장에서의 다니엘 모이니한(오른쪽)

시키기 위하여 이스라엘과의 관계를 단절해야 한다는 국제적인 캠페인을 벌이기도 했다.

1980년대까지 계속되던 이런 반이스라엘 기류는 냉전이 끝나고 소련이 붕괴되면서 조금 수그러들어 시오니즘을 인종 차별로 명하던 결의안 3379는 1991년 폐지되었다. 그나마 다행이긴 했지만 그렇다고 해서 UN의 반이스라엘적 기류가 눈에 띄게 사라진 것은 아니었다.

국제연합의 반이스라엘적 기류가 계속되는 이유는 UN 회원국들의 비율에 있다.

현재 UN 회원국 193개 중 아랍 국가는 21개, 이슬람 국가는 35개 그리고 68개의 비동맹국이 가입되어 있으며 이들을 모두 합한 총 124개국은 엄청난 의결권 블록을 형성하며 항상 이스라엘을 겨냥하고 있다.

또한 이들은 중동 문제 있어서 역사적으로 항상 반이스라엘적 태도를 취하는 유럽 국가들의 지지도 받고 있다.

국제연합은 자신들의 활동의 거의 절반을 이스라엘에 할애하고 있는 것이다.

이스라엘의 편에 서던 미국마저 오바마 정부 당시에는 동예루살렘을 포함한 이스라엘이 점령하고 있는 팔레스타인 자치령 내에 유대인 정착촌을 짓는 것은 법적인 정당성이 없으므로 정착촌 건설을 중단해야 한다는 결의안 2334에 대해 기권을 함으로써 이 결의안을 통과시키도록 했다.

결국 미국의 이러한 결정은 이 영토가 이스라엘이 아닌 팔레스타인에게 속했다는 주장을 용인한다는 것과 다를 바 없다.

국제연합의 반이스라엘적 행동에 대해서 우리가 더 안타까워해야 할 것은 한국인인 반기문 전 UN 사무총장의 재임 기간 동안에도 역시 이런 일들이 계속 진행되어 왔다는 것이다. 이스라엘의 상황과 역사에 대해서 잘못된 인식을 가지고 있었던 반기문 전 사무총장은 이스라엘 정착촌을 반대하는 UN 결의안을 환영하며 이스라엘이 6일 전쟁으로 차지한 땅에 정착촌을 건설하는 것은 명백한 국제법 위반이라고 말했다.

또한 팔레스타인의 이스라엘을 향한 테러에 대해서는 "어디까지나 이스라엘의 책임이며 탄압받는 팔레스타인 사람들이 폭력을 통해 자신의 좌절감을 표출하는 것은 인간적 본능"이라고 말한 바 있다.

그는 또한 팔레스타인과 함께 가자 지구Gaza Strip를 재건하고 또 다른 갈등을 막기 위해 계속적으로 노력할 것이라고 말했다.

이러한 발언은 가자 지구의 하마스Hamas가 어떤 목적을 가지고 있는 테러 단체인지 제대로 파악하지 못했다는 것을 분명히 보여 주고 있다. 이에 대해 이스라엘 유력 일간지 예루살렘 포스트는 "반기문과 UN을 설명해 주는 말은 오직 위선이라는 단어뿐이다"라고 평가하기도 했다.

하지만 동일한 문제에 대해서 UN 주재 미국 대사 니키 헤일리는 정반대의 입장을 밝혔다.

하마스에 의해 가자 국경에 설치된 테러 터널을 방문한 니키 헤일리는 국제연합 안전보장이사회에서 가자 주민들의 고통의 원인은 이스라엘이 아니라 테러 단체 하마스라고 분명히 말했다.

가자 지구의 인권 위기의 주범은 현재 가자를 지배하고 있는 하마스다. 가자 지구의 고통받는 팔레스타인 아랍인들은 삶의 터전을 재건하고 싶어 하지만 하마스는 구호 물품으로 받은 콘크리트를 민간인들을 위해 사용하는 것이 아닌 자신들의 테러를 위한 터널을 만드는 데 사용하고 있다.

이 터널들을 통해 하마스는 이스라엘 공격을 위한 로켓을 만드는 물자들을 밀반입하며 또한 이스라엘로 몰래 잠입해 유대인들을 공격하고 납치하는 데 이용하고 있다.

니키 헤일리는 이어 "미국은 앞으로 터무니없이 치우쳐

있는 UN의 태도에 눈감지 않을 것이고 정착촌 건설을 중단시키는 결의안 2334와 같은 실수를 반복하지 않을 것이며 중동 문제의 근원적 위협을 찾아 행동해 나아갈 것이다"라고 밝혔다.

국제연합의 이런 결의안은 강제성을 지니고 있지 않다.

하지만 국제연합에 의존하고 있는 제3국들의 경우 UN의 결정에 많은 의미를 두고 있으며, 많은 영향을 받고 있다. 비록 결의안은 권고적 효력만 있을 뿐 법적 구속력은 없지만, UN의 편향되고 끊임없는 이스라엘 규탄 시도들은 많은 국가들을 반유대주의로 끌고 가기에 충분하다는 것이다.

또한 아랍의 오일 파워와 다수로 세력을 형성하고 있는 이슬람 국가들의 잘못된 행동을 용인하며 받아들이는 것은 국제연합 회원 국가 전체에게 아랍의 편에 서는 것이 옳은 것이며 이스라엘은 악이라는 인식을 강화시키게 된다.

결국 전 세계를 반유대주의라는 타이틀 아래 한곳으로 모이게 하는 것이다. 국제 평화를 위한 단체가 이스라엘에 광적으로 집착하며 이스라엘만이 세계 평화를 위협하는 존재라는 인식을 계속해서 유지하고 퍼트린다면 결국 어떠한 일이 일어나게 될지는 명백하다.

성경이 마지막 때에 일어날 일에 대해 예언한 대로 진행되고 있다.

시편 83편과 에스겔 38장이 예언하고 있는 것처럼 아랍과 러시아를 주도로 한 연맹은 결국 이스라엘을 공격하게 될 것이다. 하지만 하나님께서는 초자연적으로 이스라엘을 구하실 것이고 믿는 자들을 모으시며 이사야 2:1~4에서 예언하신 일들이 마침내 이 땅에 성취될 것이다.

"아모스의 아들 이사야가 받은 바 유다와 예루살렘에 관한 말씀이라 말일에 여호와의 전의 산이 모든 산 꼭대기에 굳게 설 것이요 모든 작은 산 위에 뛰어나리니 만방이 그리로 모여들 것이라 많은 백성이 가며 이르기를 오라 우리가 여호와의 산에 오르며 야곱의 하나님의 전에 이르자 그가 그의 길을 우리에게 가르치실 것이라 우리가 그 길로 행하리라 하리니 이는 율법이 시온에서부터 나올 것이요 여호와의 말씀이 예루살렘에서부터 나올 것임이니라 그가 열방 사이에 판단하시며 많은 백성을 판결하시리니 무리가 그들의 칼을 쳐서 보습을 만들고 그들의 창을 쳐서 낫을 만들 것이며 이 나라와 저 나라가 다시는 칼을 들고 서로 치지 아니

하며 다시는 전쟁을 연습하지 아니하리라"(사 2:1-4)

니키 헤일리 UN 주재 미 대사는 이스라엘의 베냐민 네타냐후 총리 앞에서 이같이 말했다.

"앞으로 이스라엘은 국제연합에서 혼자가 아니다. 이스라엘은 더 이상 샌드백이 아니다. 이 이스라엘을 국제연합이 괴롭히지 못하도록 미국이 보호할 것이다."

과연 니키 헤일리 대사의 말이 그대로 실현될지는 아무도 알 수 없다. 지금으로부터 70년 전 UN이 2천 년 동안 전 세계를 떠돌며 살아가던 유대인들을 하나님의 예언대로 팔레스타인 땅에 돌아와 국가를 건설할 수 있게 해 준 것처럼 그때의 사명을 오늘날 다시 되찾기를 바라지는 않는다.

국제연합이 앞으로 하나님의 계획 속에서 어떻게 쓰임 받게 될지는 아무도 알 수 없지만 우리는 니키 헤일리 UN 주재 미국 대사와 같이 하나님께서 이스라엘을 보호하도록 세우신 자들이 국제연합을 비롯한 사회의 각 영역 가운데 리더로서 더욱 많이 일어나며 이들 모두가 거짓에 오염되지 않고 끝까지 이스라엘에 대한 올바른 목소리를 낼 수 있도록 반드시 기도해야 한다.

**12**

# 유네스코도 예외는 아니었다

1945년 창설된 유네스코UNESCO는 교육, 과학, 문화 등 지적 활동 분야에서의 국제 협력을 촉진함으로써 세계 평화와 인류 발전을 증진시키기 위해 만들어진 UN 전문 기구이며 2019년 현재 한국을 포함해서 195개의 회원국으로 구성되어 있다.

전 세계에서 교육의 혜택을 받지 못하는 어려운 나라의 아이들의 교육 수준을 증진시키고 지속 가능한 발전을 위해 다양한 사업을 진행하는 등 중요한 역할을 감당하는 조직이라고 할 수 있다.

그리고 유네스코의 가장 대표적인 일 중 하나는 전 세계에 보존해야 할 문화 및 자연 유산을 세계 유산으로 지정하는 일이다.

하지만 유네스코는 이스라엘 역사와 유대인에게서 떼려야 뗄 수 없는 두 곳, 예루살렘과 헤브론에 대한 이스라엘의 권리를 부정하는 결의안을 통과시키며 이스라엘 땅에서 유대적 뿌리를 지워 버리고 그곳을 팔레스타인으로 채우려는 일을 두 번이나 시도했다.

첫 번째 시도는 2016년 10월 13일, 유네스코가 이스라엘 역사에서 절대 빼놓을 수 없는 가장 중요한 장소인 성전산과 통곡의 벽으로 알려진 서쪽 성벽이 역사적 근거나 법적으로 유대인과는 전혀 관련이 없다는 것을 명시하는 결의안이 통과되었다는 놀라운 결정을 공식 발표함으로 시작되었다.

이 결의안은 팔레스타인을 대신해 알제리, 이집트, 레바논, 모로코, 오만, 카타르, 수단 등 아랍 7개국에 의해 58개국이 집행 이사회로 있는 유네스코에 제출되어 투표가 진행되었는데 결국 찬성 23개국, 반대 7개국, 기권 28개국으로 통과되었다.

이 결의안을 들여다보면 성전산Temple Mount이라는 명칭 대신 팔레스타인과 이슬람의 성지라는 것을 강조하듯 성전산의 무슬림 명칭인 알 아크사Al-Aqsa, 알 할람Al-Haram, 알 샤리프Al-Shaif라는 명칭만 사용했을 뿐만 아니라 유대 국가 이스라엘은 예루살렘 그 어느 곳에도 주권을 행사할 권리가 없으며 예루살렘과 그 어떤 역사적 근거도 법적 관계도 없다고 명시하고 있다.

하지만 이스라엘과 예루살렘은 떼려야 뗄 수 없다는 것을 성경과 역사를 통해 알 수 있다.

이스라엘에서 예루살렘을 지워 버린다면, 또는 반대로 예루살렘에서 이스라엘을 지워 버린다면 이 둘은 아무런 역사적 정체성과 의미 없이 공중에 떠 있는 땅이 될 것이다.

> "그는 여호와 우리 하나님이시라 그의 법도가 온 땅에 있도다 너희는 그의 언약 곧 천 대에 명령하신 말씀을 영원히 기억할지어다 이것은 아브라함에게 하신 언약이며 이삭에게 하신 맹세이며 이는 야곱에게 세우신 율례 곧 이스라엘에게 하신 영원한 언약이라 이르시기를 내가 가나안 땅을 네게 주어 너희 기업의 지경이 되게 하리라 하셨도다"(대상 16:14-18)

성경은 이렇게 예루살렘을 포함한 이스라엘이 유대인에게 속했다고 930번 이상 언급하고 있지만 반면 이슬람의 꾸란에는 예루살렘이라는 단어가 단 한 번도 나오지 않는다.

그런데 이곳이 이슬람의 성지라고 말할 수 있는 주장과 근거가 없는 그들에게 다른 의도가 있다는 것 외에는 설명할 수가 없다.

모리아산이라고도 불리는 예루살렘 구시가지 안에 있는 성전산은 이스라엘 민족의 뿌리인 아브라함이 이삭을 번제로 드리려 했던 장소다.

또한 이스라엘의 두 번째 왕이었던 다윗은 B.C. 1003년 여부스 족속을 물리치고 예루살렘을 이스라엘의 수도로 삼았고 그 이후 모리아산에 솔로몬이 세운 제1성전과 스룹바벨과 느헤미야가 제2성전을 재건하고 헤롯왕이 성전을 웅장한 규모로 개조하고 확장했다.

A.D. 70년, 로마에 의해 멸망당한 이스라엘은 전 세계로 흩어지게 되지만 1948년 5월 14일 하나님의 약속대로 다시 나라가 건국되고 1967년 발생한 6일 전쟁으로 3천 년 역사의 이스라엘 수도 예루살렘을 다시 되찾게 된다.

이처럼 예루살렘은 역사적으로 분명히 이스라엘 땅이

* 통곡의 벽
* 성전산

다.

  곳곳에 유대인의 숨결과 손길이 묻어 있는 곳이 분명하지만 이상하게도 국제 사회는 좀처럼 예루살렘을 이스라엘의 수도로 인정하지 않고 있다.

  이들은 성경을 인정하지 않으며 성경과 동일하게 증거하고 있는 역사적 사실들도 인정하지 않는다.

  오히려 유네스코는 거짓말로 가득한 팔레스타인과 이슬람이 이 땅의 주인이라며 이들의 손을 들어 주고 있으며 이런 결정은 교육, 과학, 문화 등 지적 활동 분야에서의 국제 협력을 촉진함으로써 세계 평화와 인류 발전을 증진시킨다는 그 단체의 목적을 의심하게 할 뿐이다.

  이스라엘의 베냐민 네타냐후 총리는 유네스코의 이런 결정에 대해 "유네스코는 말도 안 되는 연극을 계속하고 있다. 만약 유네스코 회원들이 성경을 읽어 보지 않았다면 로마에 있는 티투스 개선문을 방문해 보기를 권한다. 로마가 2천 년 전 제2성전을 약탈하고 파괴한 후 로마로 돌아올 때 가지고 온 물건이 그 문에 조각되어 있다. 바로 유대인의 상징인 일곱 촛대인 메노라이다. 그리고 그 메노라는 오늘날에도 유대 국가의 상징임을 상기시키고 싶다. 이번 결정은 만리장성이 중국과 관련이 없으며 피라미드가 이집트와 관련이 없다고 말하는 것과 같다"라고 말했다.

2017년 7월 7일, 유네스코는 또다시 놀라운 결정을 내린다.

아브라함, 이삭, 야곱 등 유대인의 선조들의 무덤이 있는 헤브론Hebron 지역을 이스라엘이 아닌 팔레스타인의 문화유산으로 등록하기까지 했다.

아브라함의 도시 헤브론과 아브라함의 무덤인 막벨라 동굴을 이스라엘이 아닌 팔레스타인의 세계 유산으로 등록함과 동시에 훼손 위기 세계 문화유산으로 올린다는 결의안을 채택한 것이다. 이 결의안은 21개국으로 구성된 세계 문화유산 위원회에 제출되었고 무기명으로 진행된 투표에서 찬성 12개국, 반대 3개국, 기권 6개국으로 통과되었다. 이런 결정을 끌어내기 위해 팔레스타인은 이미 수년간 로비를 해 왔고 결국 이런 결정이 나온 것이다.

헤브론은 가장 오래된 유대 도시 중의 하나로 성경에서도 87번이나 언급된 곳으로 창세기 23장에 기록된 것처럼 아브라함이 그의 아내 사라의 매장지를 위해 막벨라 굴을 구입했으며, 아브라함뿐 아니라 이삭, 야곱, 사라, 리브가, 레아의 무덤이 있는 곳이다.

갈렙은 여호수아에게 헤브론 지역을 할당받아 이곳을

점령했으며 또한 헤브론은 아브라함이 가나안에 도착하고 거주했던 곳이자 다윗왕이 기름 부음을 받고 7년 동안 다스렸던 곳이며 또한 룻과 이새의 무덤이 있는 곳이기도 하다.

유대인은 헤브론에서 1929년 아랍인에 의한 유대인 대학살로 인해 살해되고 쫓겨나기 전까지 이 지역에 거주해왔으며, 그후 1967년, 6일 전쟁으로 이스라엘이 이곳을 탈환하였고 유대 공동체가 이 지역에 다시 세워졌다.

이렇게 간단하게만 들여다보아도 헤브론은 예루살렘과 마찬가지로 이스라엘과 연관이 깊은 곳임을 알 수 있음에

아브라함의 무덤 막벨라 굴

도 불구하고 유네스코는 이를 완전히 부정하고 헤브론을 팔레스타인의 문화유산으로 등록한 것이다.

특히 논란이 되고 있는 것은 아브라함의 무덤, 즉 막벨라 굴이라고 불리는 곳인데 이곳은 3700년 전 성경에 기록된 대로 아브라함이 헷 족속에게서 매입한 곳으로 아브라함과 사라, 이삭, 야곱, 리브가, 레아가 묻혀 있으며, 약 2,000년 전 헤롯왕에 의해서 지어진 이 무덤 건물은 지금까지도 그 형태를 온전히 유지하고 있다.

하지만 약 700년 전 무슬림 맘루크 왕조가 헤브론을 정복하면서 이 무덤을 모스크라 명하며 유대인들의 출입을 막기 시작하고, 이스라엘이 회복된 후에도 현재 이 무덤은 무슬림 지도자 단체 와크프Waqf의 관리하에 있다.

하지만 이곳에 묻혀 있는 사람들의 이름만 보아도 이곳이 유대인의 성지인지 팔레스타인의 성지인지 너무나 명백하다.

그렇다면 유네스코가 이토록 명백한 사실들을 부정하고 이곳이 팔레스타인과 이슬람의 것이라고 인정하는 결의안을 채택하게 된 이유는 무엇일까?

여러 가지 복합적인 요인이 있지만 먼저 근본적인 원인은 팔레스타인의 날조된 역사를 유네스코가 받아들였기 때문이다.

팔레스타인의 작전은 간단하다.

뒤틀리고 거짓된 역사를 만들어 내고 반복되는 테러를 통해 전 세계를 속이는 것이다.

이들은 자신들의 뒤를 봐주는 아랍 국가들과 연합하여 UN, 유네스코, 전 세계 미디어를 향하여 끊임없이 날조된 역사를 전파하고 사실로 인정받기 위해 부단히 노력을 한다.

팔레스타인의 주장에 의하면 자신들은 가나안 땅, 즉 팔레스타인 땅에 7,000년의 역사를 가지고 살아왔다고 주장할 뿐만 아니라 이곳에서 그들은 위대한 문명을 창조하며 살아왔고 역사의 중심이며 에돔, 아모리, 미디안 족속으로서 성경에도 등장한다고 주장한다.

그리고 팔레스타인이라는 단어가 성경에 250번 이상 등장한다고 말한다.

이러한 여러 가지 이유를 들며 팔레스타인이 현재 그 땅의 실제 주인이며 이스라엘은 침략자요, 이방인이라고 주장하고 있는 것이다.

정말 그럴까?

팔레스타인이 이스라엘 땅의 원래 주인이라는 이들의

주장은 역사 기록과도 맞지 않을 뿐만 아니라 심지어 그들의 주장은 그들이 믿는 이슬람교의 경전인 쿠란의 기록과도 일치하지 않는다.

이슬람 경전조차 이스라엘 땅에 대한 유대인의 권리를 인정하는 반면 팔레스타인 민족이라는 것은 그들의 경전에 기록되어 있지도 않으며 팔레스타인 아랍인이 이스라엘 땅에 거주했다는 그 어떠한 역사적 기록도 보여 주지 않는다.

당연한 것이다. 왜냐하면 이들은 야세르 아라파트에 의해 1964년에 창조된 민족이기 때문이며 이들의 주장과는 반대로 성경에서도 팔레스타인이라는 단어는 단 한 번도 등장하지 않는다.

한마디로 팔레스타인 아랍인들은 이스라엘 땅과는 전혀 관계가 없는 민족임에도 불구하고 그들의 날조된 거짓말 그리고 아랍 국가들의 지지, 미디어의 힘을 덧입어 그들의 날조된 역사는 인정을 받았으며 1974년엔 UN 회원국으로 2011년엔 유네스코에 당당하게 회원국으로 가입했다.

날조된 민족이 국제 사회의 인정을 받으며 팔레스타인에게 영토마저 나누어 주었는데 그들은 여기서 멈추지 않고 유네스코를 통해 성전산과 헤브론이 팔레스타인의 것이라는 국제 사회의 인정을 받아낸 것이다.

유네스코를 비롯한 팔레스타인의 움직임을 주목해서 봐야 하는 이유는 그 움직임이 결코 여기서 멈추지 않을 것이기 때문이다.

지금 보이는 것은 그들이 가지고 있는 더 큰 목표를 이루기 위한 전초전에 불과하다.

팔레스타인의 아랍인들의 진짜 목표는 무엇일까?

바로 이스라엘을 그 땅에서 완전히 제거하는 것이다.

그들은 이스라엘을 완전히 제거하고 그 땅에 팔레스타인 국가를 세우는 것이 목표라는 것은 팔레스타인 미디어와 교육 시스템을 들여다보면 더 잘 알 수 있다.

그들은 지금도 모든 이스라엘 도시가 팔레스타인의 것이라고 팔레스타인 아랍인들을 가르치고 세뇌하고 있다.

지금 팔레스타인이 노리는 것이 단지 예루살렘과 헤브론인 것 같지만 그렇지 않다.

그들은 지금도 자국민들에게 이스라엘의 영토인 하이파, 욥바, 티베리아스, 텔아비브, 나사렛, 갈릴리, 네게브 이 모든 곳이 팔레스타인의 고향이자 점령된 팔레스타인 영토라고 가르치고 있다.

반면 현재 이 땅을 점령하고 있는 유대인들은 이 땅과 어떠한 문화, 역사, 종교적 연관도 없는 민족이라고 가르치며 오히려 팔레스타인의 땅과 문화, 정체성을 도둑질하려는 사기꾼으로 묘사하고 있다.

그들이 진정 이스라엘과 평화적인 공존을 원한다면 이러한 교육과 선전이 계속되어서는 안 된다.

팔레스타인 국민들 마음속에 이스라엘을 향한 분노와 이스라엘과 유대인을 향한 공격의 정당성을 심어 주면서 그 땅을 집어삼킬 준비를 항상 하고 있는 것인데 팔레스타인의 이러한 동기를 아는지 모르는지 유네스코는 그들이 합법적으로 이스라엘 땅을 야금야금 쟁취해 나가도록 통로를 제공해 주는 역할을 하고 있는 것이다.

어떻게 팔레스타인의 이러한 얼토당토않은 거짓말이 전 세계의 동조를 얻었는가에 대해 하이파 대학의 한 교수는 이렇게 말했다.

"국제 사회를 대상으로 한 팔레스타인의 성공적인 조작은 고도로 지능적인 그들의 전략에 있다. 즉 과거 식민지 시대 당시 자신들의 과오에 대한 죄책감을 가지고 있는 유럽 국가엔 자신들을 이스라엘의 식민 지배를 당하고 있는 불쌍한 민족인 것을 부각시키며 인종 차별에 대한 죄책감을 가지고 있는 미국에겐 이스라엘은 인종 차별적인 국가이며 팔레스타인 민족은 유대인에 의해 과거 흑인들이 당했던 수치를 당하고 있다고 호소하는 것이다. 또한 전 세계의 무지, 반유대주의, 정치적 수동성, 오일 파워 등이 복합적으로 작용하고 있지만 그럼에도 불구하고 전 세계 역사 가운데 한 나라에 대한 이토록 집요한 적대감과 증오 그리고 국제 사회가 이에 동조하고 이를 합법화하려는 움직임은 이전까지 없었다."

이처럼 팔레스타인의 거짓말이 유네스코와 국제연합 같은 국제 기관에서 인정을 받는다는 것은 상식적으로 설명이 불가능한 일이다.

하지만 스가랴서 12장 1-3절은 예루살렘을 둘러싼 더 큰 일들이 일어날 것을 예언하고 있다.

"이스라엘에 관한 여호와의 경고의 말씀이라 여호와 곧 하늘을 펴시며 땅의 터를 세우시며 사람 안에 심령을 지으신 이가 이르시되 보라 내가 예루살렘으로 그 사면 모든 민족에게 취하게 하는 잔이 되게 할 것이라 예루살렘이 에워싸일 때에 유다에까지 이르리라 그 날에는 내가 예루살렘을 모든 민족에게 무거운 돌이 되게 하리니 그것을 드는 모든 자는 크게 상할 것이라

천하 만국이 그것을 치려고 모이리라"

국제 사회가 이스라엘과 그 땅의 권리에 대한 어떠한 적대적인 결의안을 통과시킨다 하더라도 성경은 이렇게 예루살렘이 이스라엘과 유대인에게 영원한 소유로 주어졌음을 분명히 기록하고 있다.

하지만 날로 이스라엘을 향해 적대적으로 흘러가는 국제 사회의 흐름 가운데 놀라운 움직임들이 일어나고 있다.

바로 성경 말씀을 있는 그대로 믿는 그리스도인들이 이러한 유네스코의 반유대적 결정에 항의하며 성경에 등장하는 예루살렘과 성전산이라는 단어를 모두 찾아 형광펜으로 줄을 쳐서 유네스코 본부로 보내고 있다.

성경에 이렇게 수백 번 예루살렘은 이스라엘 것이라고 기록되어 있는 것을 두 눈으로 직접 확인해 보라는 것이다.

대표적으로 이 일을 주관하고 있는 국제 기독교 예루살렘 대사관ICEJ이라는 단체는 많은 그리스도인들이 이 일에 동참하여 유네스코에 유대인과 그리스도인이 예루살렘과 성전산과 진정한 역사적 연관성을 가지고 있다는 것을 증거하는 성경으로 넘쳐 나기를 소망한다고 밝혔다.

이스라엘이 이 모든 거친 흐름에 홀로 싸우는 것은 무척이나 어렵고 힘든 일이다.

하나님께서 이스라엘에게 영원한 유업으로 주신 예루살렘을 팔레스타인에게 넘겨주려는 이 모든 결정을 우리 그리스도인들이 함께 힘을 모아 막아야 한다.

이스라엘과 예루살렘은 예수님 안에서 한 생명과 언약을 받은 유대인과 그리스도인이 함께 소망하고 지켜야 할 곳이다.

유네스코와 국제연합이 더 이상 팔레스타인의 거짓말과 아랍 국가들의 횡포에 휘둘리는 도구가 되지 않도록 기도해야 하며 또한 유네스코 회원국의 대표들이 이스라엘 땅에 관한 진실에 눈을 뜨고 불의의 자리에 서지 않도록 기도해야 한다.

그리고 이제는 가만히 앉아서 그저 몇 분 동안만 아니 몇 마디 입으로 기도만 하고 내 할 일은 다 했다고 하지 말고 행동으로 옮겨야 한다.

기도 뒤에는 항상 행동이 뒤따라야 하지 않을까?

할 수만 있다면 우리도 영어 성경을 사서 예루살렘과 헤브론은 이미 오래전부터 하나님께서 약속하신 이스라엘의 땅이라고 기록되어 있는 성경 말씀에 형광펜으로 줄을 쳐서 유네스코와 UN에 성경을 보내야 한다.

물론 유네스코의 이런 결정에 대항하기 위해 이스라엘 단체에서도 열심히 노력을 하고 있다. 하지만 이스라엘 혼자만 감당하기엔 너무나 벅차고 힘든 몸부림이다.

이제는 우리도 좀 더 적극적으로 뭔가를 해야 한다.

이방인인 우리가 이스라엘 편에 서 있다는 것을 이스라엘이 안다면 분명히 그들에게도 큰 힘이 될 것이고 그뿐만 아니라 국제연합과 유네스코의 담당자들에게도 분명한 경고가 될 것이다.

"당신들은 그렇게 결정했지만 우리는 절대로 동의할 수

ICEJ의 대표 유리겐 뷜러(왼쪽)

가 없다."

이것을 알려야 한다.

대한민국은 동양의 작은 나라에 불과하지만 이 작은 나라까지도 그런 결정에 동의하지 않고 있다는 것을 UN과 유네스코가 분명히 알아야 한다고 지적해 주어야 한다.

또 할 수만 있다면 오늘날 국제연합과 유네스코가 얼마나 아랍 국가로부터 점령을 당해 그 본질이 변질되어 가고 있는지 국제연합과 유네스코가 얼마나 이스라엘을 대적하는 괴이한 집단이 되어 가고 있는지를 주변 사람들에게 많이 알려 주어야 한다. 설교 시간에, 성경 공부 시간에 작은 소규모 모임에서 알려야 한다.

이스라엘 땅을 향한 물리적, 영적 전쟁은 유대인에게만 속한 것이 아니다.

> "저희가 기뻐서 하였거니와 또한 저희는 그들에게 빚진 자니 만일 이방인들이 그들의 영적인 것을 나눠 가졌으면 육적인 것으로 그들을 섬기는 것이 마땅하니라"(롬 15:27)

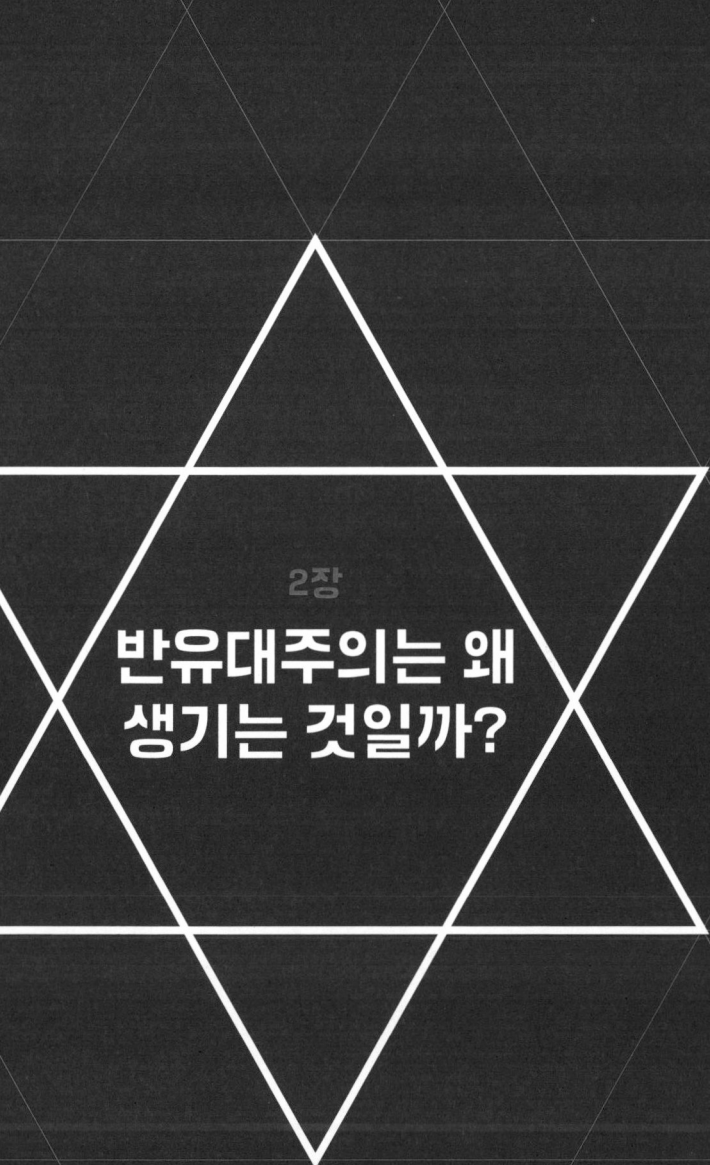

2장

반유대주의는 왜 생기는 것일까?

01

# 반유대주의는
# 사탄의 전략

　　　　　　국가와 민족과 인종을 초월해서 지금 전 세계에서 벌어지고 있는 반유대주의란 무엇일까?

　반유대주의는 그냥 유대인이 싫고 그냥 이스라엘이 싫은 것이다. 유대인들이 길거리에 다니는 것이 싫고 유대인이 우리 마을에 살고 있는 것이 싫고 유대인만 보면 괜히 기분이 나쁘고 이스라엘 관련 뉴스만 봐도 유대인에 대한 분노의 감정이 생기면서 심지어는 그들을 향해 저주의 마음을 갖는 것이 바로 반유대주의이다.

이런 반유대주의와 관련된 증오 범죄가 국가와 민족을 막론하고 전 세계에서 하루도 빠지지 않고 끊임없이 일어나고 있는 것을 보면서 우리는 그저 안타까울 뿐이다.

반유대주의는 단순히 유대인들을 향한 적대감의 표출만으로 끝나는 것이 아니라 하나님을 향해 정면으로 도전하는 것과 다름이 없기 때문이다.

유대인들이 싫어서 그들에게 범죄를 저지른 것은 과격한 성격의 사람들이 하는 것에 불과한데 그것이 왜 하나님께 도전하는 것으로 과도하게 해석하고 주장하느냐고 말할 수도 있다.

하지만 그렇지 않다.

유대 민족에 대한 적대감, 유대 민족에 대한 분노, 유대 민족에 대한 경멸감이 도대체 왜 하나님을 향해 공격하는 것이고 왜 사탄의 몸부림이라고 하는 것일까?

> 만군의 여호와께서 이같이 말씀하시되 영광을 위하여 나를 너희를 노략한 여러 나라로 보내셨나니 너희를 범하는 자는 그의 눈동자를 범하는 것이라 (슥 2:8)

하나님은 이렇게 이스라엘을 하나님의 눈동자라고 하셨다.

이사야서 41장 17절에도 "나 이스라엘의 하나님이 그들을 버리지 아니할 것이라"라고 기록되어 있다.

하나님은 스스로가 이스라엘의 하나님이라고 말씀하셨다.

예수님도 유대인이었고 그분의 제자들도 모두 유대인이었으며 결국 그 유대인 제자들을 통해 전 세계 열방에 복음이 전해졌음에도 불구하고 이스라엘과 유대인을 향한 분노와 미움의 감정을 갖게 되는 것은 어디서 오는 것일까?

더 말할 필요도 없이 반유대주의, 반이스라엘 감정은 바로 사탄으로부터 오는 것이다.

그렇다면 반유대주의는 언제부터 시작된 것일까?

어떤 사람들은 2차 세계 대전 당시 히틀러가 6백만 명의 유대인들을 대학살하는 홀로코스트가 일어났을 때부터 반유대주의가 시작되었다고 말하기도 하고 또 어떤 사람들은 그보다 훨씬 이전인 중세 시대부터 유럽에서 반유대주의가 시작되었다고 말하는 사람도 있을 것이다.

하지만 놀랍게도 반유대주의는 하나님이 천지를 창조하실 때부터 시작되었다.

하나님은 태초에 5일 동안 이 세상 모든 만물을 창조하시고 그 천지 만물을 보시며 "보시기에 참 좋았더라"라고 말씀하셨다.

그리고 여섯째 날 하나님은 자신의 형상대로 아담과 하와를 창조하신 후, 창세기 1장 28절에 "그들에게 이르시되 생육하고 번성하여 땅에 충만하라, 땅을 정복하라, 바다의 물고기와 하늘의 새와 땅에 움직이는 모든 생물을 다스리라 하시니라"라고 하셨다.

하나님께서 5일 동안 직접 창조하시고 보시기에 좋았더라고 했던 그 바다의 고기와 공중의 새와 땅에 움직이는 모든 생물들을 다스리라는 그야말로 엄청난 축복과 권리를 주셨던 것이다.

아마도 그동안 지구에서 존재했던 수많은 인류 중에서 하나님이 인간을 창조한 목적에 가장 가까운 삶을 살았던 존재가 바로 아담과 하와였다. 늘 하나님과 동행하고 하나님과 대화하며 하나님과 가깝게 지냈던 존재가 바로 아담과 하와였을 것이다.

그러나 사탄은 하나님과 아담과의 관계를 시기하며 어떻게 해서든지 이 관계를 깨뜨리고 아담과 하와를 하나님과 분리시키고 싶어 했다.

그래서 결국 사탄은 하와를 통해 아담을 범죄하게 했고 하나님은 이들을 에덴동산에서 내쫓으셨다. 늘 함께 있었던 아담과 하와가 에덴동산에서 쫓겨나는 모습을 본 하나님의 마음은 어땠을까? 아담과 하와를 만드셨을 땐 에덴동산에서 늘 함께하고 싶었을 하나님, 그러나 아담과 하와가 에덴동산에서 쫓겨나 땀을 흘리며 일을 해야만 하는 상황이 벌어진 것이다.

하나님은 "괜히 인간을 만들었어. 차라리 네 발로 다니는 동물을 하나 지정해서 아담과 하와에게 주었던 축복과 권리를 줄 것을… 괜히 인간을 만들었어" 이렇게 후회하신 것이 아니라 에덴동산에서 쫓겨난 아담과 하와 그리고 그의 후손들이 형제를 죽이며 온갖 죄를 짓고 타락의 삶을 살아갈 것을 아시고 그들을 다시 구원해 내기 위해 메시아를 보낼 것이라는 놀라운 계획을 갖고 계셨던 것이다.

창세기 3장 15절에 보면 하나님께서 아담과 하와를 범죄하게 한 뱀에게 말씀하신다.

> "내가 너로 여자와 원수가 되게 하고 네 후손도 여자의 후손과 원수가 되게 하리니 여자의 후손은 네 머리를 상하게 할 것이요 너는 그의 발꿈치를 상하게 할 것이니라 하시고"

이 말씀에서 여자의 후손이란 바로 인류를 구원하기 위해 하나님께서 보내시는 메시아, 즉 예수님을 말씀하시는 것이다.

왜 예수님이 여자의 후손일까?

마태복음 1장에 보면 1절부터 아브라함으로부터 예수님의 탄생에 이르기까지의 족보를 소개하는데 "아브라함이 이삭을 낳고 이삭은 야곱을 낳고 야곱은 유다와 그의 형제들을 낳고…" 이렇게 아버지가 아들을 낳는 족보가 소개되지만 16절에 이르러서는 "야곱은 마리아의 남편 요셉을 낳았으니 마리아에게서 그리스도라 칭하는 예수가 나시니라"고 기록되어 남자가 여자에게서가 아닌 마리아에게서라는 여자의 이름이 등장한다.

예수님은 어머니 동정녀 마리아가 성령으로 잉태되어 태어나셨기 때문에 육적인 아버지가 없다. 그래서 이 족보에서 예수님은 남자로부터 나신 것이 아니라 여인으로부터 나신 것으로 기록되어 있는 것이다.

하나님은 이렇게 창세기에서부터 먼 훗날 인류를 구원하기 위해 오시는 메시아 예수님의 탄생을 계획하셨고 그 예수님을 여인의 후손이라고 표현하신 것이다.

> "여자의 후손은 네 머리를 상하게 할 것이요 너는 그의 발꿈치를 상하게 할 것이니라"(창 3:15)

이 말씀은 사탄이 예수님을 십자가에 못 박게 할 것이기는 하지만 결국 예수님은 십자가에서 돌아가신 후 사흘 만에 다시 살아날 것을 미리 예언하신 것이다.

그러므로 사탄은 어떻게 해서든지 아담과 하와의 후손인 우리 인류가 하나님으로부터 구원을 받지 못하게 하기 위해서는 여인의 후손, 자신의 머리를 상하게 할 메시아 예수 그리스도가 이 땅에 오지 못하게 해야 하는 절체절명의 상황이 되었다.

더군다나 예수님은 아브라함의 후손으로서 그리고 유대인의 혈통으로서 이 땅에 오실 예정이니 사탄은 어떻게 해서든지 예수님의 혈통인 유대 민족의 씨를 말려야 하는 것이다.

이것이 반유대주의이며 이 반유대주의가 그래서 사탄의 전략이라는 것이다.

그렇다면 사탄은 인류를 구원하기 위해 오시는 메시아, 즉 예수님이 태어나지 못하게 하기 위해서 어떻게 해야 할까?

당연히 지구상에서 유대 민족을 미리 없애야 하는 것이며 이것이 사탄으로서는 가장 중요한 사명이 된 셈이다.

그래서 사탄은 수단과 방법을 가리지 않고 이 땅에서 유대 민족을 없애야만 했다.

사탄의 이런 계획은 이미 역사적으로 여러 번 시도되었다.

사실 지구상의 수많은 민족 중에 민족 전체를 말살시키려는 시도를 유대 민족처럼 여러 번 겪은 민족도 없다.

우선 구약 시대에서는 애굽의 바로왕이 유대 민족을 홍해에 수장시켜 모두 없애려고 했지만 하나님은 모세를 통하여 홍해에 길을 내고 탈출시킴으로 사탄의 작전은 실패했다.

그다음 페르시아의 하만도 역시 유대 민족을 모두 멸하려고 했지만 에스더의 피 끓는 기도로 그것마저 무산되었다.

만약, 바로왕에 의해서 유대인들이 홍해 바다에 모두 수장되어 멸절되었다면 과연 예수님이 태어날 수 있었으며 만약, 하만에 의해 포로로 끌려갔던 모든 유대인들이 전부 참혹하게 죽었다면 과연 유대 여인의 후손으로 예수님이 태어날 수 있었을까?

하지만 하나님께서 이미 창세기에서 계획하셨던 것처럼 2천 년 전에 마리아를 통해 그리스도라 칭하는 예수님이 태어나셨고 우리 인류의 죄를 대신 지고 어린양의 모습으로 십자가에 못 박혀 돌아가셨다. 그것도 너무나 힘없이 온 몸의 피를 다 쏟으며 처참한 모습으로 운명하셨다. 십자가에서 나약한 인간의 모습으로 처참하게 죽어 가는 예수님의 모습을 보며 사탄은 안도의 숨을 내쉬며 쾌재를 불렀을 것이다.

'예수도 별것이 아니었네… 무슨 메시아가 저렇게 힘없이 죽을 수 있을까? 나의 임무는 이제 이것으로 끝난 것이네… 인류를 구원하기 위한 메시아는 이제 더 이상 없어.'

아마도 사탄은 이렇게 생각했을지 모른다. 하지만 예수님은 사탄의 기대와는 다르게 사흘 만에 죽음에서 부활하셨고 40일 뒤에 많은 사람이 보는 앞에서 하늘로 올라가셨다.

예수님은 단지 그냥 말없이 하늘로 올라가신 것만이 아니라 사탄의 입장에서 도저히 받아들일 수 없는 결정적인 말씀을 하시며 하늘로 올라가신 것이다.

사도행전 1장 11절에 "너희 가운데서 하늘로 올려지신 이 예수는 하늘로 가심을 본 그대로 오시리라"라고 다시 오실 예수님에 대해서 기록하고 있다.

'하늘로 올라가는 것으로 끝이 아니라 다시 오신다니…'

아마도 사탄의 입장에선 다시 올 것이라는 예수님의 말씀이 청천벽력과도 같은 말이었을 것이다. 그렇다면 예수님이 다시 오시지 못하게 할 수 있는 방법은 무엇일까?

예수님은 분명히 다시 올 것이라고 말씀은 하셨지만 정확하게 언제 다시 오시겠다는 말씀은 하지 않으셨다.

"그 날과 그 때는… 오직 아버지만 아시느니라"(마 24:36).

그렇다. 다시 오실 예수님은 언제 다시 오실 것인지에 대한 말씀은 하시지 않았기 때문에 인류 중에는 언제 예수님이 다시 오실 것인지 알 사람이 아무도 없는 것이다.

그러나 예수님은 언제 다시 오실 것인지에 대한 힌트를 주셨다.

마태복음 23장 39절에 "내가 너희에게 이르노니 이제부터 너희는 찬송하리로다 주의 이름으로 오시는 이여 할 때까지 나를 보지 못하리라"고 하셨다.

"찬송하리로다 주의 이름으로 오시는 이여"를 히브리어로 '바룩하바 베쉠 아도나이(ברוך הבא בשם אדוני)' 라고 한다.

그러니까 예수님은 이스라엘 백성들이 다시 오시게 될 예수님을 진정한 하나님의 아들이자 우리의 구원자이며 메시아임을 깨닫고 그들의 입에서 '바룩하바 베쉠 아도나이'를 외치게 될 때 다시 오시겠다는 말씀이다.

마태복음에서는 '찬송하리로다 주의 이름으로 오시는 이여'라는 구절이 두 번 등장한다.

마태복음 21장에 보면 예수님이 예루살렘 근처의 벳바게에서 나귀 새끼 등에 올라타고 입성하실 때 예루살렘 백성들이 몰려와 나뭇가지를 베어 길에 펴고 앞에서 가고 뒤에서 따르며 "호산나 다윗의 자손이여 찬송하리로다 주의 이름으로 오시는 이여 가장 높은 곳에서 호산나"라며 소리를 지른다.

마태복음 21장에서 예루살렘의 백성들이 외쳤던 "찬송하리로다 주의 이름으로 오시는 이여"는 초림의 예수님을 환영하는 외침이었고 마태복음 23장에서 예수님께서 말씀하셨던 "이제부터 너희는 찬송하리로다 주의 이름으로 오시는 이여"는 이스라엘 백성들이 재림의 예수님을 맞이할 것을 예언하셨던 것이다.

그렇다면 다시 오실 예수님을 오지 못하게 하려는 계획은 수정되어야만 한다. 이스라엘 사람들이 절대로 예수님을 하나님의 아들이고 메시아이며 구원자라는 사실을 깨닫지 못하게 해야 하며 그들의 입에서 절대로 "찬송하리로다 주의 이름으로 오시는 이여(바룩하바 베셈 아도나이)"를 외치지 못하게 해야 한다.

이것이 사탄의 새로운 전략이 되었다.

그리고 그때 이후 사탄은 이 전략을 위해 새로운 인물을 선택하게 된다. 그 첫 번째 인물이 바로 로마 황제 콘스탄티누스Constantinus였다.

## 02

# 사탄이 선택한 인물 콘스탄티누스

콘스탄티누스는 4세기경 4개로 분리된 로마 제국의 6명의 황제 중에 한 사람이었지만 312년 밀비우스Milvius 전투에서 막센티우스Maxentius 와의 마지막 전투를 승리로 이끌고 로마 제국을 마침내 하나로 통일시키는 데 성공한 인물이다.

그리고 313년 밀라노 칙령을 통해 기독교를 로마 제국의 종교 중에 하나로 공식 인정했다.

그때 당시 로마 제국에는 전쟁의 신 주피터Jupiter, 치료의 신 아폴로Apollo, 바다의 신 이시스Isis등 82개의 신들이 있었고 제사 전담 사제들이 있었는데 콘스탄티누스는 시리아에서 온 바알Baal신과 페르시아의 미트라Mithra라는 태양신이 결합된 신을 섬기고 있었고 그는 죽을 때까지 미트라 신앙을 버리지 않았다.

태양신은 불패의 신으로 여겨져 군대의 안전과 승리를 보장하는 군대의 신이었다.

로마 제국엔 이렇게 80여 개의 신을 섬기는 다신 문화가 있었지만 콘스탄티누스가 기독교를 인정하기 이전까지만 해도 기독교는 박해의 대상이었다.

로마 제국이 기독교를 박해했던 이유는 그리스도인들이 비밀리에 모여 회합을 한다는 것과 영아 살해와 식인을 한

콘스탄티누스 1세

다는 소문이 돌았었고 무엇보다도 가장 큰 이유는 유일신을 믿는 그리스도인들은 그 당시 로마 제국에 널리 퍼져 있었던 80여 개의 다른 신을 인정하지 않을 뿐만 아니라 로마 제국과 황제를 지켜 주는 신들을 위한 제사에도 참여하지 않는다는 것이었다.

그러니 그 당시 로마 제국에서 그리스도인이 된다는 것은 곧 순교를 의미할 정도였다.

로마 제국의 기독교에 대한 박해는 네로$_{Nero}$(재위 54~68) 황제 때부터 본격적으로 시작되었다.

A.D. 64년 로마 제국의 수도 로마에서 대화재가 발생해 도시 14개 구역 중에 10개 구역이 불에 탈 정도로 큰 피해를 입었다. 그때 당시 로마 제국의 황제는 젊은 나이에 황제 자리에 올랐던 네로였는데 대화재가 일어난 후 네로는 긴급 구호 조치로 공공 건물을 이재민들의 임시 주거지로 제공하고 구호품까지 나눠 주었지만 사람들 사이에서는 화재의 원인이 네로 황제일 거라는 소문이 빠르게 돌기 시작했다. 네로는 결국 자신의 정치적 위치가 위태해지자 당시 로마 시민들로부터 미움을 사고 있었던 기독교에게 화살을 돌렸고 그 희생양으로 수많은 그리스도인들이 처참하게 희생되었다.

이때 당시 로마의 그리스도인의 숫자는 약 3천 명 정도 였는데 네로가 그리스도인을 잡아 죽인다는 소문이 나돌자 모두들 땅속 카타콤으로 숨어들어 갔다. 그러나 발각된 3 백여 명들 중에 어떤 그리스도인은 개한테 던져져 물려 죽 기도 했고 또 어떤 그리스도인들은 십자가에 매달려 죽었 으며 또 어떤 사람들은 불에 타기 쉽게 나무에 매달아 야간 에 등불 대신 그리스도인들을 태워 거리를 밝히기도 했다.

베드로와 바울도 이 시기에 순교했다.

네로 황제부터 본격적으로 시작된 로마에서의 그리스도 인들을 향한 박해는 1세기 말 포악하고 괴팍하기 이를 데 없는 것으로 평가를 받고 있는 도미티아누스Domitianus(재위

불에 태우기 위해 매달아 놓은 유대인- 폴란드 화가 Henryk Siemiradzki의 그림

81-96) 황제 때에도 계속 이어졌다.

살아생전 신이 되고 싶었던 도미티아누스는 본인 스스로를 신격화하면서 자신을 하나님이라고 부를 것을 명령했다. 그러고는 오직 유일신을 믿는 유대인과 그리스도인에 대한 제재를 시작했다.

먼저 유대인들에게는 일 년에 한 번씩 내는 반 세켈의 성전세를 성전이 파괴되고 사라져 버렸다는 이유로 로마에 있는 주피터 신전의 유지비 명목으로 빼앗았으며 십일조를 자신에게 바칠 것을 요구했다. 그뿐만 아니라 유대인들의 전통 풍습을 일절 금지한다는 포고령까지 발표하고 그리스도인들에게는 황제를 숭배하지 않는다는 이유로 박해했다.

로마의 모든 종교는 황제 숭배를 전통으로 삼고 있었고 사실 그 대가로 로마의 종교로 인정받고 있었다. 하지만 그리스도인들은 유일신에 대한 신앙 때문에 황제 숭배하는 것을 반발하며 황제와 국가의 신들의 제사에 참여하기를 거부했다. 이것은 신이 되고 싶어 열병을 앓고 있는 도미티아누스 황제로서는 용서할 수 없는 범죄였고 유대인과 그리스도인에 대한 박해는 더욱 거세어져만 갔다.

이전의 네로는 로마에 있는 그리스도인들을 대상으로 박해했지만 도미티아누스는 멀리 소아시아 지방까지 그 대상을 넓혔다. 이때의 박해로 밧모섬에 유배되어 계시록을 쓴 요한도 그 피해자였다.

이때만 해도 그리스도인을 향한 박해는 주로 로마 제국의 시민들이 당국에 고발을 한 뒤에 재판을 하고 처형을 하는 식이었지만 3세기 초 가이우스 데우스Gaius Decius 황제(재위 249~251) 때부터는 제국 차원에서의 대대적인 기독교 말살 정책을 폈다.

디오클레티아누스Diocletianus(재위 284-305)는 로마 제국에서 마지막이자 가장 강력하게 기독교를 박해한 황제로 알려져 있다. 303년 2월 그는 기독교 탄압을 위한 칙령을 발표하고 기독교 교회와 성물, 성전을 파괴하고 그리스도인의 모임을 불허한다고 공표했다.

당시 기독교가 널리 퍼져 있었던 제국 동방에서 저항이 일어났고 소아시아에서는 그리스도인의 봉기가 일어났으나 디오클레티아누스는 단호하게 군대를 보내 진압했다. 또한 사제들과 주교들을 체포하여 감옥에 넣고 그들이 로마 신의 제의에 참석하면 풀어 주었다.

304년의 마지막 칙령에는 그리스도인은 고발이 없어도 추적하여 고문할 수 있도록 했고 모든 사람이 로마 신에 대한 제의를 수행하여야 한다고 명령했고 이를 어기면 사형이나 강제 노역에 처했다. 이로써 그리스도인 중에는 순교자가 많이 나온 반면 배교자도 많이 나왔다.

교회를 표적으로 일어난 공격으로 18년 동안 약 3,000~3,500명이 고문당하고 살해당하여 교회 리더십 대부분을 잃었고 성경 또한 몰수되었다.

원래 신앙이라는 것이 박해를 받으면 그 숫자가 사라지는 것이 아니라 오히려 지하로 숨어들어 믿음이 더욱 뜨거워지는 법이다.

이렇게 로마 제국에서의 그리스도인을 향한 박해는 약 3백 년 동안이나 이어졌는데 놀랍게도 콘스탄티누스 황제는 기독교를 로마의 종교 중에 하나로 인정하는 결정을 내렸다.

그렇다면 콘스탄티누스는 왜 이전의 3백여 년 동안 끊임없이 자행되어 왔던 그리스도인에 대한 박해와 기독교 말살 정책에서 대전환을 일으키게 한 것일까?

그 배경에는 몇 가지 이유가 있었다.

그 이유는 먼저 그리스도인들의 무서운 확산이었다.

1세기 후반 로마에서는 그리스도인의 숫자가 약 1천 명에서 1천4백 명 정도였는데 이 숫자는 매년 40%씩 늘어나 A.D. 250년에는 117만 명이었던 그리스도인의 숫자가

A.D. 300년경에는 630만 명까지 이르렀다고 한다. 이 숫자는 제국 총 인구 대비 그리스도인의 비율이 약 10%까지 차지한 것이다.

특히 콘스탄티누스의 세력이 미치지 못했던 동부 지역의 교세가 더 강했는데 동부에서는 지하 비밀 교회가 지상으로 올라와 당당히 교회가 세워지기도 했었다.

80여 개의 다른 신들을 믿는 신자들의 숫자보다 유일 신만으로 로마 제국의 수많은 사람들이 그리스도인으로 변해 가는 것은 콘스탄티누스도 무시할 수 없는 엄청난 물결이나 다름없었기 때문이었다.

또 다른 이유로 콘스탄티누스는 자신의 정치적 승리를 위해 기독교를 연합하여 부흥시키고 그 세력을 효과적으로 이용하여 제국을 지배하려는 자신의 원대한 계획에 그리스도인들이 이바지할 수 있을 거라고 믿었기 때문이다.

기독교라는 보편적 종교 아래 백성들을 연합시키려는 결심을 하게 되었고 콘스탄티누스 자신이 하나님께서 보내신 중재자의 역할을 감당하고 싶었던 것이다.

또 다른 배경에는 콘스탄티누스의 모친 헬레나Helena가 있었다.

낮은 계층출신이거나 또는 술집 여자였거나 창녀였을

거라는 얘기가 있었던 헬레나는 콘스탄티누스의 아버지인 콘스탄티우스 1세와 결혼하여 아들인 콘스탄티누스를 낳자마자 남편에게 이혼당하여 혼자 살고 있었다.

콘스탄티누스는 모친에 대한 안타까운 마음을 가지고 있었는데 마침 헬레나도 당시 65세였던 313년에 기독교로 개종한 여인이었고 아들 콘스탄티누스에게 기독교를 공인해 달라는 간곡한 요구를 했었다고 한다.

헬레나는 결국 아들 콘스탄티누스 황제가 기독교를 로마 제국의 종교 중 하나로 인정한 이후 325년 팔레스타인 지역으로 직접 찾아가 예수님과 관련된 장소, 이를테면 예수 탄생 장소인 베들레헴과 예수님이 십자가에서 매달려 돌아가신 골고다 언덕, 그리고 예수님께서 제자들에게 주기도문을 가르쳐 주신 올리브산에 기념 교회를 건축하기도

십자가 깃발을 앞세우고 벌이는 밀비우스 전투

할 정도로 믿음이 뜨거웠다.

또 다른 이유는 콘스탄티누스가 막센티우스와 전쟁을 하러 나가기 전에 밀비우스 다리의 하늘에서 보았다는 십자가 사건이다.

전설에 의하면 콘스탄티누스는 밀비우스 다리 전투를 앞둔 어느 날 하늘에서 십자가 모형을 보게 되었고 그날 밤 예수님이 나타나 낮에 본 십자가 모형을 깃발에 그려 전투에 나가게 되면 전투에서 승리할 것이라고 이야기했다고 한다.

콘스탄티누스는 낮에 본 환상대로 십자가가 그려진 깃발을 앞세우고 전투에 나갔고 그 때문인지 콘스탄티누스는 정말 승리하여 그때부터 예수님에 대한 관심을 갖게 되었다.

물론 밀비우스 다리에서 목격했다는 십자가는 콘스탄티누스가 나중에 기독교를 공인한 것에 대한 명분을 찾기 위해 만들어진 이야기라는 주장도 있다.

어쨌든 이런 배경을 통해 콘스탄티누스는 로마 제국을을 하나로 통일시킨 이후 당시 지하 교회와 가정 교회를 통해 무섭게 확산되고 있던 기독교를 313년 밀라노 칙령Edict of Milan을 통해 로마의 종교로 인정하게 된 것이다.

콘스탄티누스의 기독교 공인은 로마 제국에 많은 변화를 불러 일으켰다. 우선 지하에 숨어 있던 그리스도인들이 이제는 당당하게 지상으로 올라와 예배를 드릴 수 있었고 그리스도인이라는 이유로 감옥에 갇혀 있던 자들이 풀려나왔으며 더 이상 자신이 그리스도인이라는 것을 숨기지 않아도 되었다. 그야말로 로마 제국에서 기독교의 부흥기가 시작된 것이다.

기독교를 로마 제국의 수많은 종교 중의 하나로 인정한 콘스탄티누스는 엄청난 양의 재산을 교회에 기부했고 교회는 그때부터 로마 제국에서 가장 많은 토지의 단일 소유주가 되었다. 그리스도인은 콘스탄티누스를 교회의 대제사장으로 여기며 열렬히 환영했고 새로운 사도로 여겼다.

여기저기서 숨어서 활동하던 기독교 교부들이 등장했고 이전에는 지하 동굴에서 예배를 드려야 했던 그리스도인들은 지상으로 올라와 콘스탄티누스가 제공한 건물에서 예배를 드릴 수 있게 되었다.

그러나 콘스탄티누스의 기독교 공인은 엄청난 문제를 갖고 시작되었다.

이것은 초대 교회의 종말을 이야기하는 것이며 인류가

이전까지 한 번도 경험해 보지 못했던 새로운 종교의 탄생을 알리는 신호가 되었다.

기독교 역사에서 가장 큰 업적을 쌓았다고 해도 부족하지 않을 듯한 콘스탄티누스의 이런 정책의 뒤에는 훗날 1천7백여 년 동안 지구의 수많은 그리스도인들에게 반유대주의를 뿌리박게 하려는 사탄의 또 다른 작전이 숨어 있었던 것이다.

우선 첫 번째로 콘스탄티누스는 기독교를 공인했다고 해서 본인이 그리스도인으로 개종한 것은 아니었고 사실 그는 죽을 때까지 태양신을 섬기고 있었다. 그러면서 로마의 지하에 숨어 있던 순수 자체의 초대 교회를 지상으로 끌어올려 당시 로마 제국에 횡행했던 여러 가지 종교와 혼합시킴으로 초대 교회 본래의 모습을 완전히 새로운 종교로 탈바꿈시키는 엄청난 잘못을 저지른다.

또 한 가지 콘스탄티누스는 유대인들을 반역적으로 여겼을 뿐만 아니라 유대인들을 혐오하고 그래서 교회 안의 유대인에 관한 모든 것을 제거하려고 시도했다.

즉, 성경에서 유대적 관점을 없애 버리기 시작한 것이다.

초대 교회 믿는자들은 모두 구약, 신약에 기초를 둔 사람들이었고 하나님을 향한 성경적인 자세, 가정에서의 성경적인 자세, 말씀을 대하는 성경적인 자세를 갖고 있었던 사람들이었다.

나중에 다시 한번 이슬람의 탄생에 대해서 이야기할 때 설명하겠지만 사탄은 혼합과 배합을 잘 활용하여 절대 변해서는 안 되는 본질을 교묘하게 왜곡시키고 타협하게 하는 방법을 애용한다.

초대 교회와 태양신 미트라의 절묘하게 혼합된 모습은 아직까지 가톨릭에 그대로 남아 있는 것을 많이 볼 수 있다.

두 번째로 콘스탄티누스는 3백여 년 동안 거의 모든 로마인들이 그랬듯이 유대인을 향한 불신과 경멸의 태도를 버리지 않았다는 것이다. 그때 당시 로마에서 노예의 신분으로 살아가는 하층민 유대인들은 그야말로 인간 이하의 가치였고 콘스탄티누스 역시 유대인을 차별하는 것이야말로 그리스도인이 취해야 할 당연한 태도라고 했다.

그는 기독교 공인은 했지만 기독교에서 유대인과 관련된 모든 문화와 풍습들을 제거하는 작업을 이어 나갔다.

콘스탄티누스가 초대 교회의 본래 모습에 이교도들의 종교를 혼합한 사례로는 크리스마스가 있다.

A.D. 321년, 이전까지만 해도 그리스도인들은 예수님의 탄생일을 예수님께서 30세에 세례 요한에게 세례를 받으며 처음으로 세상에 존재를 드러낸 1월 6일 주현절(전통적으로 이날을 예수님의 탄생일로 여겼었다.)을 예수님의 탄생일로 지켜 왔었지만 콘스탄티누스는 예수님의 탄생일을 자신이 믿고 있었던 태양신 미트라의 생일인 12월 25일로 바꾸기로 결정한다.

그리고 초대 교회 기그리스도인들은 사도행전 18장 4절에서 "안식일마다 바울이 회당에서 강론하고 유대인과 헬라인을 권면하니라"고 기록되어 있듯이 토요일(안식일)에 예배를 드렸었다. 하지만 콘스탄티누스는 기독교 공인 이후 8년 뒤 321년에 토요일에 예배를 드리는 대신 미트라 교도들이 태양신에게 제사를 드리던 날, '태양의 숭엄한 날 Sunday'이라고 불렀던 일요일에 예배를 드리게 했다.

이렇게 기독교는 로마 제국의 태양신 미트라신이 뒤섞인 전혀 새로운 종교로 변하게 되었는데 그 흔적으로 오늘날 가톨릭의 성당에 가면 예수님을 상징하는 십자가와 태양신을 상징하는 원형이 함께 장식되어 있는 것을 너무나 쉽게 발견할 수 있다.

미트라교에는 모임마다 각각의 주교들이 있었는데 주교

들을 아버지라고 불렀을 뿐만 아니라 대주교는 특유의 머리에 쓰는 것을 착용했고 그의 상징은 목자의 지팡이와 열쇠였다.

초대 교회의 예배 모습과 로마 가톨릭의 예배 모습은 확연한 차이가 있을 수밖에 없었다.

미트라 태양신을 섬기는 종교의 사제들은 머리에 관을 쓰고 화려한 옷을 입고 매우 웅장한 찬양단이 있었고 이 제사에 참석한 사람들은 단지 관객이자 구경꾼들에 불과했었다. 이 예배 형식을 기독교 예배에 끌어들였다. 그 결과 기독교 예배는 지나치게 화려해졌고 의식에 치중했으며 본질

가톨릭 성당의 제단 위에 그려진 태양

은 사라지고 겉으로만 치장하는 모습을 보였다.

기독교는 서서히 지상으로 올라온 것이 아니라 어느 순간 갑자기 음지에서 양지로 올라옴으로 결국 전에는 전혀 생각해 보지도 않았던 문제가 발생하는데 그것은 바로 신학적 갈등이었다.

과연 예수님이 신인지 아니면 인간인지를 두고 여러 교부들 사이에서 논란이 끊이지를 않았다. 급기야 A.D. 325년 로마 제국 전역에 있던 교부들을 니케아Nicaea로 불러 모아 대규모 공의회를 개최하여 여러 가지 신학적 논란을 마무리 짓게 되는데 이 니케아 공의회를 통해 예수님은 하나님과 성령의 세 가지 형태를 모두 갖고 있다는 이른바 삼위일체 교리를 결정한다.

그와 동시에 니케아 공의회를 통해 콘스탄티누스는 본격적으로 기독교에서 유월절과 무교절, 초막절 등 유대인의 절기를 더 이상 지키지 못하게 하면서 그리스도인들이 유대인의 절기와 풍습을 제외하고 또한 토요일(안식일)이 아닌 일요일에 예배를 드리는지 감독하기 위한 통제를 하기로 결정한다.

이때부터 좀 더 본격적으로 기독교에서의 유대적 요소들을 제거하는데 로마에 살고 있는 유대인들에게 히브리의 모든 관습과 의식, 율법주의, 누룩 없는 빵, 그리고 히브리의 모든 절기들, 기도, 정결 예법, 안식일 이 모든 것을 포기하도록 강요했다.

"이제는 우리의 적인 유대인들과의 공통점을 없애도록 하자. 이러한 불법(유월절을 준수하는 것)을 바로잡아야만 한다. 그래서 우리 주님께 반역한 자들, 주님을 살해한 자들과 우리 사이에 더 이상 공통점이라고는 하나도 없게 만들어야 한다."

콘스탄티누스의 친구이자 로마 역사가였던 유세비우스 Eusebius는 "우리가 유대의 풍습을 따르는 것은 무가치한 일로 보인다. 저 혐오스러운 유대인 무리들과 우리 사이에 같은 점이라고는 하나도 없게 만들자. 그들의 천박함으로부터 우리 자신을 빼내자. 그들의 관습과 친교를 맺음으로 인해 그대의 영혼이 더럽혀지지 않도록 끊임없이 기도하라"라고 자신의 책에 적었다.

니케아 공의회는 이전의 그리스도인들이 안식일(토요일)에 예배를 드리고 하나님께서 제정하신 절기들을 지키던 초대 교회의 본질을 완전히 벗어나 기독교와 태양신을 접목시킨 새로운 종교를 탄생하게 했으며 이것은 본격적인 가톨릭의 시작이 된다.

그리스도인들이 유대인의 절기인 유월절에 그리스도의 죽음과 부활을 기념하는 것을 몹시 거슬리게 생각했던 니케아 공의회에서는 유월절을 지키는 행위를 불법화하고 춘분점 이후의 첫 보름달이 뜨는 주간의 일요일에 부활절이 기념되어야 한다고 결정했다. 원래 이 날은 로마 제국의 신 중에 하나였던 풍요의 여신 이스터(성경에는 아세라 신이라고 기록되어 있다.)를 위해 제사하는 날이었는데 바빌론 신화에 보면 하늘로부터 유프라테스강으로 큰 달걀이 떨어졌다고 해서 이슈타르 신전에 달걀을 바치고 서로에게 장식된 달걀을 전해 주던 풍습이 있었다. 그 덕분에 오늘날까지 교회에서 부활절에 달걀을 선물로 주는 풍습이 이어져 오고 있는 것이다.

초대 교회와 가톨릭의 차이 중에 가장 주목할 만한 것은 예수님의 모친인 마리아 숭배 사상이다.

원래 초대 교인들에게는 마리아 숭배 사상이 없었다.

하지만 당시 로마 제국엔 고대 바빌론의 니므롯왕과 그의 아내 세미라미스 그리고 아들 담무스로부터 시작된 종교가 유입되어 있었다. 세미라미스는 남편의 강력한 힘을 배경으로 큰 권력을 휘둘렀지만 오래가지 않아 니므롯이 죽자 자신의 아들에게 담무스라는 이름을 붙이고 니므롯이

환생했다고 주장하며 아들과 함께 자신을 더 섬기도록 하였다.

이것이 바빌론에서 모자를 숭배하는 종교로 발전되었고 마침내 로마 제국에까지 건너오게 된 것이다.

콘스탄티누스가 예수님의 어머니인 마리아를 바빌론 종교의 어머니인 세미라미스로 예수님을 바벨론 종교의 아들인 담무스로 규정하여 예수님보다 마리아의 권위를 더 높이면서 마리아 숭배 신앙이 시작되었다.

이후 431년 에베소에서 열린 공의회에서는 정식으로 마리아를 하나님의 어머니로 채택하면서 마리아 숭배 사상은 더욱 강화되었다.

로마 제국이 기독교를 공인하면서 예수님의 탄생일을 태양신의 생일로 바꾸고 부활절을 이슈타신의 제사하는 날로 바꾸고 바빌론 종교의 모친 숭배 사상을 도입하면서 초대 교회의 본질을 로마 제국의 온갖 종교와 혼합시킨 이유는 그렇게 할 때 수많은 종교를 믿고 있는 로마 시민들을 기독교로 흡수하기 쉬울 거라는 의도가 있었기 때문이다.

가톨릭은 이렇게 분명히 초대 교회와 그리고 초기 기독교와는 완전히 다른 형태의 종교로 탄생된 것이다.

그러니까 로마 제국에서의 기독교의 대부흥은 사실 진정한 의미의 부흥이라고 볼 수 없고 결국 또 다른 불행을 낳는 신흥 종교를 만들었다.

콘스탄티누스의 기독교 공인은 인류 역사의 중요한 전환점이 된 것은 사실이지만 한 사람의 잘못된 판단과 신앙관이 기독교 역사에서 얼마나 큰 오류를 범하게 하였는지를 잘 알 수 있는 사건이었다.

그때 당시에 초대 교회와 이방 종교의 이상한 혼합을 지켜보던 몇몇 초대 교인들 중에 '아, 이건 아니다…'라며 도시를 떠나 깊은 사막 속에 들어가 조용히 기도와 묵상만 하며 수도하는 사람들로부터 수도원 제도가 생기기 시작했다.

그뿐만 아니라 로마의 기독교는 고해 성사 제도를 도입했다. 로마 제국의 여러 고대 종교 중에 바빌론에서 온 종교에는 자신의 죄를 사제에게 고백하는 풍습이 있었는데 가톨릭에서 이것을 그대로 따라한 것이다.

가장 안타까운 일은 로마 기독교에서는 가정에서 예배를 드리는 것을 불법으로 규정한 것이다. 로마 정부의 관리에서 벗어난 가정에서 안식일에 예배를 드리거나 유월절 등 절기를 지키는 것을 통제할 수 없었기 때문이다. 따라서 로마 제국은 만약에 각자의 가정에서 예배를 드리다가 발각이 되면 사형에 처하기로 결정했다.

초대 교회를 박해하는 이런 식의 결정은 계속 이어졌다.

안디옥 공의회에서는(A.D. 345) "만약 이러한 결의가 있은 후에 감히 유대인들처럼 유월절을 준수하려는 자가 있다면 그가 주교건 장로건 또는 부제건 간에 공의회 판사들은 그들을 교회로부터 파문시키고 저주할 것이다. 감히 그자들과 연락을 취하려는 자들의 지위까지 박탈할 것이다"라고 공식 선언하였다.

라오디게아 공의회(A.D. 365)에서는 "유대인들이 주최하는 만찬에 참가하는 것은 허용되지 않으며 함께 만찬을 주최하는 것도 허용되지 않는다. 안식일을 쉼으로써 유대주의자가 되어서는 안 되며, 그날에 일을 해야만 한다. 그러나 만약 유대주의자라는 것이 발견되면 그자는 기독교로부터 파문시키고 저주할 것이다"라고 선언했다.

그러다가 콘스탄티누스의 사후 A.D. 392년 테오도시우스 1세는 마침내 기독교를 로마의 정식 국교로 인정한다.

A.D. 600년경까지 교회 안에는 이교주의가 흘러넘쳤다. 교회 지도자들 중 많은 이들이 불신자였고 오히려 진리를 고수하던 자들은 제국의 적으로 규정되어 박해당했다. 미

신과 우상 숭배가 만연했을 뿐만 아니라 성경은 사람들이 이해할 수 없는 언어로 쓰여져서 읽을 수 없도록 강대상에 묶여 있었다.

서기 800년까지 교회 공의회들은 유대인인 예수님과 사도들의 유대적 생활 방식들을 불법으로 규정한다. 기독교인이 안식일을 지키거나 유월절을 기념하는 행위는 사형에 해당하는 죄가 되었다. 이 칙령들은 고문과 처형을 통해 강제로 준수되었다.

프랑스의 역사학자인 다니엘 모르넷Daniel Mornet이라는 사람은 새롭게 탄생한 가톨릭에 대해서 이렇게 표현한다.

"이토록 가톨릭교는 우스꽝스럽고 서툰 우화와 비상식적인 교리, 유치한 의식, 그리고 갈데아, 이집트, 페르시아, 바빌론, 그리스, 로마의 온갖 신들을 하나로 짬뽕 시킨 결과가 되었다."

초대 교회에서 전혀 다른 종교로 변질되고 발전된 가톨릭은 이전까지 박해받던 교회가 박해하는 교회로 변질되었으며 특히 유대인들을 집중 타깃으로 한 박해와 저주는 그 이후부터 약 1,500여 년 동안 이어졌다.

그 대표적인 예가 바로 11세기 말부터 13세기 후반까지 활동하던 십자군의 만행이었다.

**03**

## 십자가를
## 앞세운 만행

        1095년 11월 교황 우르바누스 2세Urbanus II는 프랑스의 클레르몽 페랑 대성당에서 많은 사람들을 모아 놓고 "예수 그리스도가 십자가에 못 박혀 돌아가신 성스러운 예루살렘이 야만인 이슬람교도들에게 점령당했으니 우리 그리스도 제국의 국왕과 제후들은 봉기하여 성스러운 땅 예루살렘을 탈환해 주시오. 이 거룩한 전쟁에 참여한 자는 과거의 죄는 물론 앞으로 일어날 살육의 죄까지 모두 면죄받게 될 것이오"라는 연설을 하면서 드디어 예루살렘을 향한 십자군의 출정식을 선언한다.

그 이후로 2백여 년 동안 8차례에 걸쳐 십자가를 앞세운 십자군들이 예루살렘으로 찾아오는데 그 과정에서 수많은 유대인들을 잔혹하게 살해했고 다행히 학살에서 살아남은 유대인들의 재산을 빼앗고 강제로 세례를 받게 했다.

십자군의 눈에 비친 유대인들은 예수를 죽인 민족이었고 저주받아 마땅한 민족이라고 생각했기 때문에 그들은 어디를 가든 유대인을 죽이는 데 혈안이 되었던 것이다.

특히 1190년, 1차 십자군 원정대는 독일에서 수많은 유대인들을 살해했으며 예루살렘에서 가까운 시리아의 마라 성에 도착한 후 더 끔찍한 일들을 자행했다. 프랑스 출신의

십자군 원정대

십자군 기사였던 보에몽Bohemond이라는 사람이 쓴 글을 보면 이렇게 기록이 되어 있다.

'십자군이 마라성에 진격하자 닥치는 대로 약탈과 학살을 일삼았다. 남녀노소 가리지 않고 죽였으며 성안은 시체로 뒤덮여 산을 이룰 지경이었다.
 그리고 서아시아의 이슬람교도들이라 일컫는 사라센Saracen 사람들의 배를 갈라 보기도 했는데 이는 그들이 금은보화를 삼켜 배 속에 간직하고 있다는 소문 때문이었다. 그리고 죽은 사라센인들의 시체를 요리해 먹기도 했다.'

3차 십자군 원정대는 잉글랜드의 요크에 있는 클리포드 타워에서 150여 명의 유대인을 가둬 두고 불을 질러 모두 사망케 하는 대학살을 자행하기도 했다.
 십자군은 수많은 유대인을 학살하는 오랜 여정 끝에 예루살렘에 도착한 후에도 학살의 광란을 멈추지 않았다.
 십자군들은 그때 당시에 아직도 예루살렘과 근방에 살고 있었던 유대인들을 회당에 불러 모아 밖에서 문을 걸어 잠그고 불을 질러 화형을 시켰다. 회당 건물 안에서 유대인들이 불에 타서 끔찍하게 죽어 가며 마지막으로 본 것은 십자군이 입고 있었던 십자가가 그려진 옷과 방패였다. 십자군들은 불에 휩싸인 회당 주변을 돌며 예수님을 찬양하는 노래를 불렀는데 유대인들이 불에 타 죽을 때 마지막으로 귀에 들려온 것은 십자군의 입에서 힘차게 합창으로 들려 나오는 '예수님 찬양' 소리였다. 그렇게 죽어 간 유대인의 숫자는 29만 9천 명이었다고 한다.

그때 당시 아수라장이 된 예루살렘의 모습을 기록한 내용이 있는데 '예루살렘의 큰 거리나 광장 등에는 사람의 머리나 팔다리가 산더미처럼 쌓였다. 십자군 병사나 기사들은 시체를 아랑곳하지 않고 전진했다. 성전이나 회랑은 물론이고 말 탄 기사가 잡은 고삐까지도 피로 붉게 물들었다'고 적혀 있다.

그러면서도 십자군은 '이 신성한 도시에 더럽혀졌던 이교도들의 피가 씻겨져 버릴 것이니 이 또한 주님의 은총이

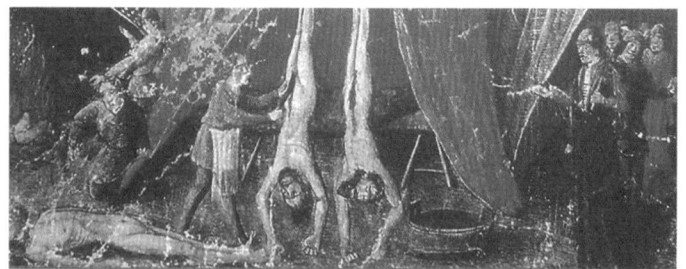

라마성의 대학살

아니겠냐'며 환호했다.

**04**

# 이 모든 게
# 유대인
# 때문이야

      1348년 이탈리아, 프랑스, 스페인, 영국, 독일 등 전 유럽을 강타한 흑사병은 그야말로 참혹했었다. 흑사병에 걸린 사람은 마치 뾰족한 화살촉으로 찌르는 것처럼 따끔거리다가 온몸이 고열과 오한으로 떨면서 서서히 피부 세포가 괴사하여 온몸이 검게 변한다고 해서 흑사병이라고 부르게 되었다.

  이 병은 워낙 전염성이 강해서 이탈리아의 피렌체와 베네치아에서는 인구의 절반이 죽었고 프랑스의 파리에서는 매일 8백여 명의 사람이 죽었다. 흑사병이 창궐했던 3년 동안 전체 유럽 인구 9천만 명 중에 4천만 명이 죽게 되었으니 그야말로 대재앙이나 다름없었다.

수많은 유럽인들이 그렇게 손도 못 쓰고 죽어 나가고 있었지만 놀랍게도 유대인들만큼은 그 대재앙의 폭풍에서 무사했었다.

가톨릭 사제도 병에 걸려 죽어 나가고 아무리 돈이 많은 사람이라도 맥없이 죽어 나가는 상황에서도 유독 유대인들만 흑사병에 걸리지 않는 이유는 아주 단순했다. 유럽인들은 유대인들만 따로 모아 살게 하고 밖으로 나오지 못하게 했고 우물도 따로 사용하게 했으니 유럽 전체를 휩쓸고 있는 흑사병에서 비교적 안전할 수 있었다.

거기에다 유대인들이 흑사병에 걸리지 않았던 가장 중요한 원인은 안식일이 시작되기 전에 반드시 물에 온몸을 담갔다가 나오는 정결 의식과 식사 전과 후에 손을 씻는 그들만의 종교적 의식으로 청결을 유지할 수 있었으며 전염병의 확산 속에서도 안전할 수 있었던 것이다.

하지만 병의 원인도 모르고 치료법도 찾아내지 못했던 유럽 사람들은 평소에 핍박을 많이 받았던 유대인들이 보복 심리로 우물에 독을 풀어서 흑사병이 퍼져 나가고 있다는 소문을 만들어 냈다. 그러고는 그때부터 또다시 유대인들을 한데 모아 불태워 죽이는 대학살이 자행되었는데 흑사병의 확산이 기승을 부리던 1349년 한 해 동안 독일에서만 수백 건의 유대인 대학살이 일어났다.

이렇게 가톨릭의 역사는 반유대주의와 유대인을 향한 적대감으로 가득 찬, 절대로 하나님이 원하시지 않는 폭력적이고 광신적으로 변질되었다는 것 말고는 다른 걸 자랑할 게 없다.

예수님은 그렇게도 사랑을 외치시고 평화를 부르짖으셨는데도 가톨릭은 유대인들이 예수를 십자가에 매달아 죽게 했다는 이유만으로 이렇게 오랜 세월 동안 유대인 대학살에 앞장서 왔었다.

이러니 지난 1,700여 년 동안 끊임없이 십자가를 앞세운 가톨릭 교도들의 유대인 대학살을 기억하고 있는 유대인들 입장에선 절대로 십자가와 예수가 반가울 리 없고 극도로 증오할 수밖에 없지 않을까?

한국 사람이 예수를 믿든지, 미국인이 예수를 믿든지 그거야 유대인들이 상관할 바는 아니겠지만 어쨌든 이런 역사적 사실을 알고 있는 유대인이라면 더더욱 예수를 메시아로 받아들이고 예수를 믿으며 다시 오실 예수님을 두 손

들고 환영하며 바룩하바 베셈 아도나이를 외친다는 것은 도저히 있을 수 없는 일이라고 생각할 수밖에 없다.

이런 면에서 콘스탄티누스라는 인물을 사용했던 사탄의 전략은 큰 성과를 거둔 셈이다.

# 05

# 사탄이 선택한 인물 무함마드

　　사탄은 또 다시 6세기 아라비아반도에서 태어난 무함마드Muhammad를 사용하기 시작했다.
　　A.D. 570년 4월 22일 아라비아반도의 메카Mecca 바로 옆에 있는 꾸라이시Quraysh 부족에서 유복자로 태어난 무함마드는 태어난지 6년 만에 모친도 죽게 되어 가난한 외삼촌 아부 탈립Abu Talib에 의해 키워졌다.
　　무함마드의 성격은 무척이나 내성적이었고 사막의 계곡에서 양 떼를 돌보며 멀리 보이는 메카의 부잣집들을 보면서 혼자 많은 생각을 하는 아이였다고 한다. 훗날 무함마드는 외삼촌 아부 탈립의 권유로 20여 년 동안 메카 부자 상인의 대리인으로 카라반 대열에 끼어 이곳저곳으로 장사를 하러 다녔고 워낙 성실하고 정직하여 상인들 사이에서 믿을 수 있는 사람으로 인정받았으며 장사도 제법 잘했다고 한다.

이렇게 성실하고 실력 있는 젊은 무함마드를 눈여겨본 사람이 바로 40살의 과부 카디자Khadija였다. 카디자는 이미 두 번이나 결혼을 했던 여인이었지만 두 번째 남편이 죽으면서 많은 재산을 남겨 두어 경제적으로 풍족한 상태였다.

여러 명의 남자들이 카디자와 결혼하기 위해 청혼을 했지만 카디자는 여전히 자신의 재산을 지키며 혼자 살면서 그때 눈에 들어온 무함마드에게 자기의 재산을 관리하도록 했다.

그런데 워낙 성실하고 정직한 25살의 청년 무함마드에게 사랑의 감정을 느낀 카디자는 15살의 나이 차가 있음에도 불구하고 무함마드에게 청혼을 했고 결국 두 사람은 결혼을 하게 된다.

무함마드는 이제 경제적으로 여유가 생기고 평화로운 삶을 살게 되긴 했지만 아내 카디자와의 사이에서 태어난 아들이 어린 나이에 병으로 죽게 되자 깊은 시름에 잠기게 된다.

인간의 고통, 신의 존재, 신과 인간과의 관계, 천국과 지옥과 같은 문제에 집착하며 깊은 생각에 잠기는 일이 많았다.

그러고는 히라Hira산에 올라가 동굴 속에서 기도를 하다가 먹을 것을 가지러 집으로 간간이 찾아오며 생활하던 어느 날 무함마드가 40살이 되던 A.D. 610년에 놀랍고 특별한 경험을 하게 된다.

가브리엘 천사에게 명령을 듣는 무함마드

히라산의 동굴 속에서 명상을 하고 있던 어느 날 무함마드에게 '너는 신의 예언자이다'라는 소리가 들려오며 예언자로서의 역할을 하라는 명령을 듣게 된다. 이슬람에서는 이 소리의 정체가 바로 가브리엘 천사라고 주장하는데 무함마드가 이 소리를 듣고 집으로 돌아와 아내 카디자에게 동굴 속에서 있었던 일들을 이야기하자 아내는 '당신이야말로 신의 예언자가 맞다'고 동조하고 그제서야 무함마드는 스스로 자신이 신의 예언자인 것이 맞다는 결론을 내리게 된다.

그렇다면 도대체 무함마드는 어떤 신의 예언자라는 것일까?

그 당시 아라비아반도에는 360여 개의 부족이 있었고 그들은 각자 부족대로 해와 달, 나무, 바위, 흙 등 360여 개의 신들을 섬기고 있었는데 자기들이 믿는 신들의 우상을 만들어서 메카에 보관하고 있었다.

인구가 많고 돈이 많은 부족은 자신들의 우상을 크고 화려하게 만들었고 인구가 적고 돈이 없는 부족은 자신들의 우상을 작고 초라하게 만들어 메카의 카바Kabba 신전에 보관하는 식이었다.

무함마드가 살던 쿠라이시라는 부족은 밤하늘에 떠 있

는 달신을 섬기고 있었는데 그 달신의 이름이 바로 알라Allah였다. 아라비아반도 각처에서 메카에 있는 자기들의 우상을 찾아 먼 길을 마다 않고 일 년에 한 번씩 찾아왔는데 쿠라이시 마을은 이 순례자들이 머물고 허기를 채우는 일종의 숙박업 밀집 마을로 경제적으로 풍족한 곳이었다.

무함마드는 히라산 동굴 속에서 들은 천사의 명령대로 그때부터 자신이 믿는 알라신을 믿으라는 포교 활동을 했고 그 주된 대상이 바로 메카를 찾아온 순례객들이었다. 하지만 원래 말도 별로 없었고 논리정연하게 자신의 의사를 표현할 줄도 몰랐던 무함마드의 포교는 별로 성과를 얻지 못했다.

무함마드에게 설교를 듣는 사람들

그러던 어느 날 무함마드는 부인 카디자의 사촌인 와라까Waraqa라는 노인을 찾아가 역시 알라신에 대해서 이야기했지만 그 노인은 오히려 무함마드에게 자신이 믿는 신에 대해서 설명하며 하나님의 천지 창조 이야기와 노아 이야기, 모세 이야기, 예수님 이야기 등 성경의 이야기를 들려주었다.

왜냐하면 그 노인은 아라비아반도에 살고 있었던 그리스도인으로 히브리어 성경을 필사하는 사람이었던 것이다.

와라까 노인으로부터 듣게 된 성경 이야기는 밤을 새고 들어도 끝나지 않을 만큼 무함마드 자신이 알고 있던 알라신의 이야기보다 훨씬 더 무궁무진하고 드라마틱하고 흥미로웠다.

그래서 무함마드는 이런 생각을 하게 된다.

와라까 노인으로부터 들은 성경 이야기와 자신이 믿고 있는 알라신의 이야기를 섞어서 사람들에게 포교를 하면 어떨까? 무함마드의 이런 생각은 맞아떨어졌다.

쿠라이시 마을로 찾아온 다른 부족의 순례객들에게 알라신에 대해서만 설명할 때에는 전혀 관심을 보이지 않던 사람들이 알라신 이야기와 성경 이야기를 뒤섞어서 설명하자 점차 관심을 갖고 모여들기 시작했고 심지어는 무함마드를 따르는 제자들도 나타났다. 그리고 그 제자들 중에 글을 쓸 줄 아는 자가 무함마드의 설교를 받아 적기 시작했는데 그것이 나중에 꾸란Koran으로 정리된다.

이렇게 기독교와 태양신인 미트라가 혼합되어 가톨릭이라는 종교가 태어난 것처럼 이슬람은 알라신과 기독교가 혼합되어 만들어진 종교이다. 그래서 마치 가톨릭 성당에 십자가와 태양이 동시에 장식되어 있는 것처럼 지금도 이슬람 사원에 가면 초승달이 매달려 있고 이슬람 국가의 국기에는 초승달이 그려져 있는 것이다.

그러니까 하나님, 여호와, 알라는 같은 말이 아니라 이슬

이슬람 사원의 초승달

람에서 이야기하는 알라는 '달신'의 이름을 뜻하는 것이다.

그런데 문제가 생겼다.

와라까라는 노인이 무함마드에게 성경 이야기를 잘못 설명했는지 아니면 무함마드가 글을 쓸 줄 몰라 메모를 못 했는지 아니면 기억을 잘 못했는지는 몰라도 무함마드의 머릿속에 들어 있던 성경 이야기가 뒤죽박죽되어 버린 것이다.

성경에선 아브라함의 이름이 '아브람'에서 '아브라함'으로 바뀌었지만 무함마드의 제자들이 기록한 꾸란에서는 '어린 아브라함'이라고 쓰여 있고 아브라함의 아버지 이름이 성경에선 '데라'라고 기록이 되어 있지만 꾸란에서는 '아즈라'라고 적혀 있다.

성경에는 아브라함이 바치려고 했던 아들이 '이삭'이라고 기록되어 있지만 무함마드는 이삭이 아닌 '이스마엘'로 바꿨다.

그뿐만 아니라 창세기 21장 21절에 이스마엘은 바란 광야에서 살았다고 기록되어 있음에도 불구하고 꾸란에서는 아브라함과 이스마엘이 아라비아반도까지 찾아와 메카를 만들었다고 적혀 있다.

그렇다면 성경이 잘못 기록되었고 꾸란이 제대로 기록

된 것일까? 아니면 성경이 제대로 된 것인데 꾸란이 잘못 기록한 것일까?

구약 성경은 지금부터 3천5백 년 전부터 1,500년 동안 기록된 것이고 신약 성경은 100년 동안 기록된 것이지만 꾸란은 그로부터 한참 뒤인 A.D. 610년에서 632년까지 기록된 것이다.

그러나 이슬람에선 당연히 성경이 잘못 기록된 것이며 그 잘못된 내용을 나중에 꾸란이 더 정확하게 기록한 것이라고 주장한다.

어쨌든 쿠라이시 마을에서 새로운 형태의 종교를 전파하던 무함마드와 그의 제자들은 쿠라이시 마을 사람들로부터 예상치 못했던 강력한 반대에 부딪히게 된다.

왜냐하면 무함마드가 포교 활동을 하던 당시 아라비아반도는 다신교 문화가 절대적이었고 특히 쿠라이시 마을은 앞서 설명했던 것처럼 아라비아반도 전역의 많은 부족들이 자신들의 우상이 보관되어 있는 메카를 향해 여행을 왔다가 잠을 자고 식사를 하는 순례자들을 대상으로 돈을 벌던 곳이었다. 그런데 무함마드가 다른 신은 다 부질없는 것이고 오직 자신이 주장하는 알라신과 기독교가 혼합된 새로운 종교만이 유일한 종교라고 부르짖으니 당연히 쿠라이시

부족 사람들은 무함마드의 이런 행위가 맘에 들지 않았던 것이다.

쿠라이시 마을에서 극렬한 반대에 부딪힌 무함마드와 그의 제자들은 마침내 본거지인 메카를 떠나 새로운 도시로 이동해서 본격적인 이슬람의 종교를 전파하기로 마음먹는다.

무함마드와 그의 제자들이 선택한 곳은 바로 메카에서 450km 떨어진 오아시스 도시 메디나$_{Medina}$였다.

결국 A.D. 622년 무함마드와 그의 제자들은 메디나로 이동하는데 이슬람에선 이것이 이슬람 종교의 탄생이라고 주장한다.

그런데 예상치 못했던 또 다른 문제가 생겼는데 그것은 바로 인구 2만 명의 메디나 인구 중에 절반이 바로 유대인들이었던 것이다.

무함마드와 그의 제자들은 메디나의 유대인들이 쿠라이시의 아랍 사람들과는 달리 이슬람 종교에 관심을 갖고 자신들에 대해서 호의를 가져 줄 것을 기대했었다. 어차피 이슬람의 교리나 유대인들의 성경 이야기는 유일신을 믿는다는 것뿐만 아니라 비슷한 점이 많았기 때문에 그렇게 생각했던 것이다.

메디나의 유대인들 역시 처음에는 무함마드와 그의 무리들을 별다른 저항 없이 맞아 주었다.

그러나 날이 갈수록 무함마드는 자기 스스로 예언자라고 이야기하고 심지어는 자기가 유대인들이 그렇게 기다리던 메시아라고까지 이야기하자 그들에 대한 호기심이 서서히 분노로 변해 가기 시작했다.

유대인들이 기다리는 메시아는 반드시 유대인이어야 함에도 불구하고 아랍인인 무함마드가 성경에서 이야기하는 메시아라고 주장하는 것을 도저히 들어 줄 수가 없게 된 것이다.

거기에다 유대인들은 자신들의 경전인 성경을 누구보다도 잘 알고 있는 사람들인데 어느 날 갑자기 무함마드와 제자들이 찾아와 이슬람 종교의 교리를 설파하는 것을 들어 보니 이것은 성경을 상당 부분 변형시키고 왜곡시킨 이상한 이야기를 하고 있다는 것을 알고 무슬림들을 향해 강력히 항의를 하기 시작한 것이다.

"너희들은 성경을 왜곡하지 말라."

"성경을 알려면 정확히 알아라."

유대인들의 이런 비난을 듣게 된 무함마드는 결국 유대인들을 향해 증오의 마음을 갖게 되었고 무함마드의 증오는 곧 그를 따르던 신도들의 증오로 이어졌다.

"알라로부터 진리가 내려왔는데 이를 거부하는 자는 지옥 불에 갈 것이다."

"유대인을 친구로 삼지 말라."

"유대인들을 모두 죽여라."

메카에서 메디나로 근거지를 옮긴 지 2년 만인 624년 1월 드디어 무함마드는 메디나에 있는 유대인들을 향한 박해를 시작한다.

심지어 625년에는 수백 년 전부터 자리를 잡고 살고 있는 나디르Nadir 부족의 유대인 마을을 급습하여 '열흘 동안의 시간을 줄 테니 모두 나가라'고 명령하면서 '떠나지 않는 유대인들의 목을 자르겠다'고 협박했다. 결국 유대인들은 자신의 대추야자 농장과 많은 재산을 그대로 두고 쫓겨 나갈 수밖에 없었다.

627년에는 9백 명의 유대인을 메디나로 끌고 와서 생매장해 버렸으며 다음 해에는 카이바르 부족의 유대인 남자들을 모두 죽이고 여자와 아이들은 전리품으로 자기 부하들에게 나누어 주었다.

무함마드가 유대인들을 핍박하기 위한 명분은 이러했다.

우선 무함마드가 성경을 왜곡한 것이 아니라 유대인들이 모세의 성경을 변질시킨 것이기 때문에 그 죗값을 받아야 한다는 것이며 자기가 주장하는 새로운 종교 이슬람의 전파에 가장 걸림돌이 되는 것이 바로 유대인이었기 때문에 없애 버려야 한다는 것이었다.

그러니까 이슬람 종교는 유대인들을 대학살하면서부터 시작된 종교인 셈이다.

이슬람은 오리지널인 성경을 부정하고 유대인들을 저주하는 종교이고 반유대주의의 선봉장으로서의 역할을 감당하는 종교가 되었으며 그 후로 사탄은 지금까지 온 지구와 인류에게 거짓된 종교 이슬람을 퍼트리고 있는 중이다.

인류에게 반유대주의를 전파하기 위해 사탄이 선택한

무함마드의 군사들

인물 무함마드로부터 시작된 이슬람 종교는 그 후에 전 세계로 퍼져 나갔고 지금도 역시 유럽과 미국과 아시아와 우리 한국에서도 이슬람의 인구가 자꾸만 늘어나고 있다.

2010년 기준으로 전 세계에서 이슬람 인구가 가장 많은 나라는 인도네시아가 1억 8천8백여만 명으로 1위를 차지하고 있고 1억 6천8백여만 명의 인도가 2위, 그 뒤로 파키스탄, 방글라데시, 터키, 이란, 나이지리아, 이집트, 알제리, 모로코 순으로 조사되었다.

지난 100년 동안 이슬람이 가장 빠른 성장세를 나타낸 나라는 1위가 독일로 13.68%, 2위는 영국 12.79%, 3위는 오스트리아 11.18%로 알려졌다.

지난 1백 년 동안 무슬림 숫자는 아프리카 대륙에선 32%에서 40.5%로 아시아에선 16.6%에서 26%로 늘어났으며 유럽에선 2.3%에서 5.6%로 중남미 국가에선 0.1%에서 0.3%로 늘어났다.

미국을 포함한 북미는 1백 년 전엔 9천4백만 명 인구 중에 겨우 1만 1천 명 정도로 0%에 가까웠지만 백 년 후에는 5백7십만 명이 넘는 1.6%로 성장했다.

그런가 하면 지난 1백년 동안 그리스도인의 숫자는 아프리카 대륙에선 9.4%에서 47.9%로 늘어났고 아시아 대륙에선 2.4%에서 8.5%로 늘어났지만 유럽은 94.5%에서 80.2%로, 멕시코를 포함한 중남미도 95.2%에서 92.5%로, 미국을 포함한 북미는 96.6%에서 81.2%로 많이 줄었다.

다시 정리하면 지난 백 년 동안 아프리카에서는 남쪽 지역엔 기독교 인구가 그리고 북쪽 지역에선 이슬람 인구가 동시에 기하급수적으로 늘어났고 특히 유럽과 아시아 지역에서의 이슬람 인구가 눈에 띄게 늘어난 것을 볼 수가 있다.

현재 한국에는 전국에 걸쳐 15개의 이슬람 사원을 비롯하여 60여 개의 임시 예배소, 4개의 이슬람 센터가 있는 것으로 조사되고 있으며 대구, 전남, 광주, 포천, 제주 등에 이슬람 문화 센터인 중동 문화 센터가 운영되고 있다.

또한 현재 4가지로 번역된 한글 꾸란 외에 한국 사람들이 꾸란에 쉽게 다가갈 수 있도록 새로운 번역 위원회를 구성하여 번역 계획을 세우고 있기도 하다.

이들의 이러한 계획과 실행으로 2009년 7만 1천여 명이었던 무슬림 인구는 현재 한국인 무슬림 약 4만 명을 포함 약 14만 명으로 늘어났으며 한국에 들어온 이슬람 선교사 수가 2~3만 명에 이르고 있다.

또한 현재 약 3천여 명의 한국인 여성이 파키스탄 등 무슬림 선교사들과 결혼한 것으로 추정되고 있다.

이렇게 반유대주의를 앞세운 이슬람은 현재 우리나라를 포함해 전 세계를 향해 그 세력을 넓혀 가고 있다.

이슬람이 늘어난다는 것은 이스라엘을 향한 마음을 없애게 하는 것이라는 것은 두말할 필요도 없다.

이슬람 시아파의 종주국인 이란의 전 대통령이었던 마무드 아마디네자드Mahmoud Ahmadinejad는 지구상에서 이스라엘을 영원히 없애 버리겠다고 공공연히 연설을 했다.

현재 유럽에서 벌어지고 있는 반유대주의 사건에는 반드시 '알라는 영원하다'는 아랍어 구호와 문구가 적혀 있기도 하다.

이슬람 종교의 두 가지 최종 목표는 먼저 지구상의 모든 나라와 인류에게 기독교와 이스라엘을 적으로 삼게 하고 그들을 모두 이슬람으로 개종시키며 결국은 전 세계 인류를 이슬람 율법인 샤리아Shariah 아래 통치하는 칼리프 체제를 건설하는 것이다.

특히 이슬람은 유대인들에 대해 적극적인 반감을 드러내며 이슬람의 세력이 커지면 커질수록 반유대주의를 부르짖고 이스라엘과 유대인들을 향한 공격을 지금도 계속해서 전개해 나가고 있는 상황이다.

2015년 11월 프랑스 파리 바타클랑 극장에서 일어났던 이슬람 근본주의자들의 테러 역시 반유대주의를 부르짖으며 유대인들을 대상으로 했던 테러로 우리가 알고 있는 사건들 중에 그저 한 가지 예에 불과하다.

이런 반유대주의 사상을 기본으로 한 테러와 사건 사고들은 지금도 전 세계 곳곳에서 일어나고 있으며 또 앞으로도 일어나지 않을 것이라고 단정 지을 수 없는 일들이다.

어떤 사람들은 이렇게 이야기한다.

"민주주의 국가에서 기독교가 있으면 이슬람도 인정해야 하는 것 아닌가? 둘 다 같이 살자."

그러나 이슬람은 그렇지 않고 우리에게 둘 중에 하나의 선택을 요구한다.

"절대로 둘 다는 안 된다… 너는 어느 편이냐?' 이슬람이냐? 아니면 이스라엘이냐?"

**06**

# 반유대주의자
# 마르틴 루터

　　　　반유대주의 사건 중에 가장 오랫동안 그리고 잔혹하게 이어졌던 큰 사건으로는 20세기 초 독일 나치 총통 아돌프 히틀러의 주도하에 1939년부터 1945년까지 6년 동안 6백만 명의 유대인을 잔혹하게 대학살했던 홀로코스트를 빼놓을 수 없다. 도저히 인간으로서는 할 수 없을 만큼의 잔혹한 살육의 행위이자 그 어떤 말로도 이해시킬 수 없고 용서할 수 없는 잔혹한 범죄 홀로코스트.
　당연히 이런 끔찍한 일은 나치 총통이었던 아돌프 히틀

러가 단독적으로 저지른 것은 아니었다. 그의 수하에 있었던 많은 나치의 장교들, 나치의 사병들이 동참할 수 있었기에 가능한 일이었으며 국민들의 암묵적인 동의 또는 적극적인 동의가 있었기에 가능한 일이었다. 그렇다면 그 많은 독일 군인들은 어떻게 6백만 명의 생명을 잔인하게 죽이는 대학살을 적극 지지하고 그 행위에 앞장설 수 있었을까? 또 수많은 독일의 국민들이 이런 끔찍한 일에 일부는 침묵하고 일부는 동참하고 일부는 적극 지지할 수 있었던 것일까?

아돌프 히틀러는 유대 민족 자체를 말살해 버리기 위한 프로젝트를 수행하기 위한 명분을 찾던 중에 독일 사람이라면 누구나 존경했던 한 사람이 4백 년 전에 썼다는 『유대인과 그들의 거짓말에 대하여』라는 책을 발견하게 된다.

그 책에는 '이 세상의 모든 유대인은 사탄보다 더 나쁜 존재이다. 그들은 이 세상에서 죽어 마땅하며 그들의 재산을 모두 빼앗고 그들의 집과 회당을 불태우며 그들이 읽고 있는 성경책을 불태워 버려야 한다'고 적혀 있었다. 그야말로 아돌프 히틀러가 하려고 했던 모든 계획들이 4백 년 전에 쓰여진 책에 고스란히 적혀 있었던 것이다.

아돌프 히틀러는 이 책을 재출판하여 독일 나치와 국민

들에게 읽게 했다.

'우리가 유대인을 죽이려 하는 것은 분명히 우리가 모두 존경하는 이가 그렇게 하라고 시켰기 때문이다. 이 책을 쓴 사람이 모든 유대인들의 재산을 몰수하라고 했다. 유대인이 죽는 것은 하늘의 뜻이라고 이 책의 저자가 이야기했다.'

이것이 그들이 유대인 대학살에 동참하는 강력하고 확실한 명분이었다.

그 책을 썼던 인물이 바로 1517년 독일의 비텐베르크

\* 마르틴 루터
\* 마르틴 루터가 쓴 '유대인과 그들의 거짓말'

Wittenberg 성당 문에 95개의 반박문을 써 붙임으로 오늘날 개신교의 출발을 예고하며 위대한 종교 개혁을 일으켰던 마르틴 루터 Martin Luther였다.

위대한 종교 개혁자로 알려진 마르틴 루터는 도대체 왜 4백 년 전에 그런 책을 썼을까?

아우구스티누스 수도원의 수도사였던 마르틴 루터는 1510년 당시 로마의 바티칸으로 찾아갔다가 그곳에서 차마 눈뜨고 볼 수 없을 만큼의 부정과 부패로 썩어 있는 가톨릭의 실상을 목격한다.

그 당시 가톨릭은 화려하기 짝이 없는 로마의 바티칸 성당을 건축하기 위해 그리고 최고 권력자인 교황을 지키는 군사들을 유지하기 위해 많은 돈이 필요했고 그 돈을 모으기 위해 면죄부를 발행하여 힘없고 가난한 농민들의 돈을 수없이 거둬들였다.

그뿐만 아니라 그 당시 교황들은 윤리적으로 도덕적으로 도저히 용서할 수 없을 만큼 부패해 있었는데 특히 알렉산더 6세 교황은 자기의 친딸과 동침하는 등 여러 명의 여자에게서 여러 명의 자녀를 낳았을 만큼 성적 타락이 극에 달했던 인물이다.

비록 알렉산더 6세 교황은 마르틴 루터 이전의 교황이었지만 루터가 로마 바티칸을 찾아갔을 때 역시 가톨릭과 교황의 부패는 더했으면 더했지 결코 덜하지 않았던 것이다.

이런 상황을 마르틴 루터가 직접 눈으로 목격한 것이다.

결국 마르틴 루터는 다시 독일로 돌아와 1517년 독일 비텐베르크 성당 문에 용기 있게 가톨릭의 타락을 비판하는 95개 반박문을 써 붙인다.

구원은 헌금함에 넣는 돈 몇 푼으로 이루어지는 것이 아니고 성물을 눈으로 보고 손으로 만짐으로 이르는 것도 아니며 태어나서 죽을 때까지 평생 동안 회개함으로써 이르게 된다는 지극히 당연하고 중요한 내용이었다.

마르틴 루터의 이러한 용감한 행동은 그야말로 위대한 종교 개혁의 불을 당긴 역사적인 사건이며 루터가 그 중심인물이라는 것은 누구도 부인할 수 없는 사실이다.

마르틴 루터로 인해 가톨릭에서 기독교, 즉 프로테스탄트Protestant가 탄생했으며 그가 아니었다면 오늘날 우리는 교회에서 예배를 드릴 수 없고 우리도 지금쯤 가톨릭 성당에서 미사를 드리고 향을 피우고 영성체를 받아먹으며 신부 앞에서 고해 성사를 하고 있을지 모르는 일이다.

이처럼 마르틴 루터는 분명히 그 당시 하나님으로부터 귀하게 쓰임 받은 위대한 인물임에는 틀림없었다. 여기까지는 일반적으로 우리가 잘 알고 있는 사실들이다.

그러나 마르틴 루터에 대한 평가는 그것만으로 설명되지 않는데 그에게는 우리가 알지 못했던 또 다른 면이 있었던 것이다.

그는 자신의 주장에 동조하지 않고 기독교로 개종하지 않는다는 이유만으로 모든 유대인들을 적으로 규정하고 그들을 향해 독설을 퍼붓기 시작했다.

비록 예수님을 메시아로 받아들이지 않는 유대인들이기는 하지만 마르틴 루터는 그들을 품고 끝까지 설득하고 전도했어야 함에도 불구하고 그는 하나님께서 이스라엘과 유대 민족을 통해 어떤 일을 하고 계신지는 전혀 몰랐던 것이다.

그리고 마침내 마르틴 루터는 비텐베르크 성당 문에 95개 반박문을 써 붙인 이후 20년 뒤에 집필한 『유대인과 그들의 거짓말에 대하여』라는 책을 통해 본격적으로 유대인들을 향한 분노의 말들을 거칠고 저속하게 기록했다.

'유대인들은 모두 사탄의 자식들이다. 유대인들을 없애지 않는 것은 우리의 잘못이다. 그래서 그들의 회당과 집은 모두 불살라 파괴해야 하고 그들이 읽고 있는 토라와 탈무드를 모두

불살라 버려야 하고 그들을 모두 독일에서 쫓아내야 한다.'

『유대인과 그들의 거짓말에 대하여』라는 책의 내용은 도무지 하나님으로부터 쓰임 받고 종교 개혁을 일으켰다는 사람의 입에서 그리고 그런 사람의 손끝에서 나온 것들이라고 할 수 없을 만큼 잔인한 내용으로 채워져 있었다.

예수님도 유대인이었고, 예수님의 제자도 유대인이었고, 그 유대인으로부터 우리가 복음을 전해 받게 되었는데 단지 자기의 말에 동조하지 않는다는 이유만으로 이렇게 잔인한 글을 쓸 수 있었을까?

다시 말하지만 마르틴 루터가 비텐베르크 성당 문에 95개의 반박문을 써 붙이고 종교 개혁을 일으킨 것은 참 잘한 일이다.

하지만 그는 가톨릭에서 빠져나올 때 예수님 부활 승천 이후 초대 교회의 본질로 돌아가는 모습이 아니었고, 콘스탄티누스가 새롭게 만들어 낸 가톨릭의 더럽고 추악한 것들을 그대로 묻혀서 나왔다.

95개 반박문을 내걸었지만 사실은 95개의 반박문으로는 부족했다.

예수교의 본질로 돌아가야 하고 초대 교회의 모습으로

돌아가자고 반박문을 썼어야 했다.

절기를 회복하고, 안식일로 돌아가고, 비폭력적으로 돌아가야 하고 복음의 순수함으로 돌아가야 하고 하나님께서 이스라엘을 절대로 버리지 않으셨으니 우리도 이스라엘의 회복을 위해 기도해야 한다고 적었어야만 했다.

개신교는 탄생했지만 가톨릭의 온갖 잡종들을 그대로 갖고 나온 혼합의 종교였으며 미완성의 것이었다.

마르틴 루터는 가톨릭의 교리들 중에서 이방신의 기념일로 제정한 부활절과 성탄절을 갖고 나오는 대신 유월절, 오순절, 나팔절과 같은 여호와의 절기를 지켜야 한다고 주장했어야 했다.

미트라신을 섬기는 일요일을 주일이라고 주장하는 대신 샤밧Shabath(안식일)을 지켜야 한다고 주장했어야 했다. 우리가 영적 이스라엘이라고 주장하는 대체신학을 버리고 이스라엘은 하나님의 눈동자이며 따라서 우리는 이스라엘을 축복해야 한다고 주장했어야 했다.

하지만 그는 오히려 길에서 만나는 유대인을 죽이지 않고 하나님 앞에 섰을 때 무슨 말을 하겠냐며 유대인에 대한 대학살을 강력히 주장했다.

이것은 종교 개혁을 한 것이 아니라 반쪽짜리 아니, 백분의 1정도의 개혁만 한 것에 불과하다.

그리고 우리는 그 형태 그대로 기독교 신앙을 유지하고 있는 것이다.

왜 마르틴 루터는 이렇게 유대인들에 대해 분노하고 그들을 저주하는 인물로 변했을까? 하나님께 쓰임 받는 귀한 사람일수록 사탄은 절대로 그 인물을 그냥 두고만 보지 않고 온갖 수단과 방법을 가리지 않고 그를 쓰러뜨리려고 한다.

하나님으로부터 위대하게 사용되었던 마르틴 루터는 훗날 그렇게 사탄의 유혹과 공격으로부터 속수무책으로 쓰러졌고 결국은 반유대주의를 부르짖으며 분노의 화신으로 변해 갔으며 그 이후부터 4백 년 동안이나 독일의 국민들 사이에 마르틴 루터의 반유대주의가 신앙적 바탕이 되어 퍼져 나갔다.

그러는 사이 오스트리아 출신의 아돌프 히틀러가 1933년 독일의 총통으로 모든 권력을 잡으면서 1차 세계 대전 이후 경제적으로 어려움에 빠진 독일을 구하기 위해 아리안 민족 우선주의를 앞세우고 그때부터 유대인들을 핍박하기 시작한다.

독일을 경제의 절벽으로 몰아넣고 전 세계를 불행하게

만든 원인이 바로 유대인들이라고 믿었던 히틀러의 생각과 주장은 독일 국민들에게 강하게 인식되었고 옳다고 믿었다.

1938년 11월 9일, 독일의 외교관 에른스트 폼 라트Ernst vom Rath가 유대인이 쏜 총에 저격당했다는 소식을 들은 독일 국민들은 도끼와 쇠망치를 들고 독일 내에 있는 유대인 마을로 몰려가 대학살을 시작한다. 이때 당시에 독일의 7천여 개의 유대인 상점과 29개의 유대인 소유 백화점, 그리고 수많은 개인 주택과 유대인 회당이 불타고 약탈당했다. 3만 명 이상의 유대인들이 다하우Dachau, 부헨발트Buchenwald, 작센하우젠Sachsenhausen의 강제 수용소로 보내졌고 3백 명 이상이 죽임을 당했다.

이때 밤거리에는 유대인 상점의 깨진 유리 조각들이 널려 있었는데 그 깨진 유리 조각들이 가로등과 달빛에 반사되어 마치 수정 조각들처럼 보였다고 해서 이날 밤에 일어난 사건을 일컬어 수정의 밤, 독일어로 크리스탈 나흐트Kristallnacht라고 불렀다.

이날 밤 유대인들을 향한 대학살에 대한 독일 국민들의 반응은 너무도 열광적이었다. 그리고 그 다음 날인 11월 10일부터 본격적으로 독일 전역에서 유대인들을 학살하기 시

* 수정의 밤
* 수정의 밤 사건 때 공격당한 유대인 상점

작하는 홀로코스트의 서막이 열리게 된다.

그런데 놀랍게도 그날이 바로 마르틴 루터의 생일이었다.

독일 사람들은 유대인의 집과 회당에 불을 지르고 수백 명의 유대인을 죽이면서 외쳤다.

'마르틴 루터의 생일날 마르틴 루터가 그렇게도 주장했던 유대인들을 본격적으로 핍박하게 되었으니 하늘에 있는 마르틴 루터가 얼마나 기뻐하고 있을까?'

마침내 1939년 독일이 폴란드를 침공하면서 시작된 제2차 세계 대전 이후 1942년 아돌프 히틀러는 독일 국민들의 환심을 사기 위한 프로젝트로 독일에서 경제적으로 자리를 잡고 있는 유대인들의 재산을 강제로 빼앗고 그들을 이 땅에서 없애 버리려는 최종 해결책, 파이널 솔루션Final Solution이라는 것을 만들게 된다.

그때부터 독일 나치는 독일과 유럽 여러 나라에 살고 있는 유대인들을 폴란드의 아우슈비츠를 비롯해 여러 곳에 만들어 놓은 강제 수용소에 몰아넣었으며 잔혹한 대학살이 진행되었다.

1945년, 수년간 유럽을 붉은 피로 끔찍하게 물들였던 제

2차 세계 대전이 독일군의 패배와 연합군의 승리로 끝나고 드디어 1946년 전쟁을 일으켰던 독일의 나치 전범들이 뉘른베르크 Nuremberg 전범 재판소에 피고인으로 불려 나왔을 때 독일 나치 장교 중의 한 명이었던 율리우스 슈트라이허 Julius streicher 라는 인물에게 재판관이 질문했다.

"어떻게 이런 끔찍한 일들을 인간으로서 할 수 있었는가?"

그러자 율리우스 슈트라이허는 이렇게 대답했다.

"나에겐 죄가 없다. 나는 오직 마르틴 루터가 시켜서 한 것뿐이다. 만약에 나에게 죄가 있다면 마르틴 루터를 이 자리에 불러 앉혀서 먼저 재판하라."

율리우스 슈트라이허는 이렇게 자신의 죄를 모두 마르틴 루터가 시켜서 한 것뿐이라며 마르틴 루터에게 모든 죄를 떠넘기려 했던 것이다.

놀랍게도 잔혹한 독재자이자 유대인 사냥꾼이었던 아돌프 히틀러는 마르틴 루터를 너무나 좋아했고 유대인들을 모두 없애야 한다는 마르틴 루터의 말들을 그대로 실천에 옮긴 인물이었다는 것을 부인할 수 없다. 더 놀라운 사실은 6백만 명의 유대 민족의 뿌리를 완전히 뽑아내려 했던 아돌프 히틀러와 그의 밑에서 유대인 대학살을 자행하고 실

천했던 괴벨스, 아이히만 모두 가톨릭 신자였다는 사실을 아는 사람은 별로 없다.

결국 독일의 나치와 가톨릭은 인류 역사에 유대인 대학살이라는 엄청난 범죄를 저지른 공동체나 다름없다.

안타까운 것은 유대인들은 가톨릭과 개신교를 따로 구분하지 않고 있다는 것이며 가톨릭 사제들의 가슴에 매달려 있는 십자가 목걸이를 보면서 그 옛날 십자군들이 십자가가 그려진 깃발을 들고 유대인들을 불에 태우던 역사적 사실과 오버랩하고 있다는 것이다.

그뿐만 아니라 유대인들은 개신교가 그렇게도 위대한 종교 개혁의 선구자로 여기고 있는 마르틴 루터가 반유대주의의 선봉에 섰다는 사실을 우리 개신교인들보다 더 자세히 알고 있다는 것이다.

그런 유대인들이 십자가의 예수를 메시아로 받아들일 수 있으며 가톨릭과 개신교를 구원으로 이끄는 종교로 받아들일 수 있을까?

그런데 왜 우린 그동안 이런 사실에 대해서 잘 몰랐었고 왜 알려고 하지 않았던 것일까?

독일과 미국에서 평생 동안 마르틴 루터의 일생과 그의 신학적 업적과 동시에 과오도 함께 연구해 온 그 분야의 전

문가들은 이렇게 이야기한다.

"한 사람에 대해서 평가를 할 때 어느 한 면만 보고 그것이 전부인 것처럼 판단하는 것은 옳지 않다."

마르틴 루터에게 반유대주의라는 엄청난 반성경적, 반기독교적인 사상이 있었다는 것은 역사적 기록으로 분명하게 남아 있다.

그리고 사탄은 놀랍게도 지금으로부터 5백 년 전 우리가 종교 개혁의 위대한 지도자로 알고 있는 마르틴 루터를 통해 반유대주의 사상을 집어넣고 그의 글과 설교를 통해 이 땅의 모든 유대인들은 전염병이며 기생충이라고 독설을 퍼붓게 했다.

그는 또한 우리가 유대인들을 죽이지 않는다면 하나님은 우리를 가만두지 않을 거라는 성경적이지 않은 주장을 하며 설교를 했다.

특히 그의 그런 반유대주의적 생각을 글로 옮긴『유대인과 그들의 거짓말』이라는 책은 4백 년 동안 꽁꽁 숨어 있다가 독일의 독재자 아돌프 히틀러의 눈에 띄어 6백만 명의 유대인들을 끔찍하게 학살하는 중요한 명분으로써의 결정적인 역할을 너무도 충실하게 감당해 냈다.

**07**

# 하나님의 마음을 아프게 하는 반유대주의

예수님께서 마태복음 23장 37절에서 39절까지 이렇게 말씀하셨다.

"예루살렘아 예루살렘아 선지자들을 죽이고 네게 파송된 자들을 돌로 치는 자여 암탉이 그 새끼를 날개 아래에 모음같이 내가 네 자녀를 모으려 한 일이 몇 번이더냐 그러나 너희가 원하지 아니하였도다 보라 너희 집이 황폐하여 버려진 바 되리라 내가 너희에게 이르노니 이제부터 너희는 찬송하리로다 주의 이름으로 오시는 이여 할 때까지 나를 보지 못하리라"

이 말씀은 유대인들이 예수님을 영접하고 두 손을 높이 들고 '찬송하리로다 주의 이름으로 오시는 이여(바룩하바 베쉠 아도나이)' 하면서 찬양해야만, 즉 다시 말해서 유대인들이 예수님을 진정한 메시아로 받아들일 때 주님이 다시 오신다고 말씀하신 것이다.

그러니까 주님이 다시 오시기 위한 전제 조건은 택함받은 모든 유대인들이 암탉의 날개 아래에 들어가야만 한다는 뜻이다.

그런데 유대인들이 애굽의 바로왕과 바사의 하만과 헤롯과 무슬림들과 나치에 의해 모두 멸절해 버린다면 이 말씀은 어떻게 되는 것일까?

이렇듯 반유대주의는 다시 오시겠다고 말씀하신 예수님을 못 오게 하려는 사탄의 계획이며 몸부림이라는 것이다.

지금 유럽과 전 세계에서 그리고 우리나라에서 일어나고 있는 일들을 보자.

하루가 멀다 하고 나라와 민족을 떠나 거의 모든 지역에서 유대인을 향한 범죄가 일어나고 있으며 날이 갈수록 그 형태가 끔찍하기 이를 데 없다.

전 세계의 국가가 모여 있는 국제연합의 회원 국가 193개 중에 3분의 1이 이슬람 국가 아닌가?

3분의 1이라는 숫자로 기름이 필요하고 경제적 도움이 필요한 가난한 국가를 포섭하여 그 숫자가 과반수를 넘기면서 국제연합이라는 이름으로 국제 사회라는 이름으로 반 이스라엘 결의안을 채택하고 있지 않은가?

1948년 11월 29일 국제연합은 이스라엘을 정식 국가로 인정했다.

그리고 정확히 70년이 지난 2017년 11월 29일 국제연합은 이스라엘을 축하하기는 커녕 이스라엘을 비방하는 6개의 결의안을 발표했다.

'예루살렘에 대해 이스라엘은 아무런 권리가 없다.

그렇기 때문에 이스라엘은 당장 예루살렘에서 떠나야 한다.'

성경에서도 헤아릴 수 없을 만큼 이스라엘 역사 속에 예루살렘이 많이 등장하는데도 말이다.

그러면서 전 세계는 이스라엘과 연대할 것이 아니라 팔레스타인과 연대해야 한다는 결의안을 채택했다.

그러고는 이스라엘의 건국 기념일을 중동어로 '낙바', 영어로는 '재앙'이라고 표현했다.

이것이 바로 국제연합(UN)의 결의안이었다.

이 결의안은 국제연합 회원국 중에 151개국의 승인을 받고 통과되었다.

하지만 그로부터 며칠 뒤인 12월 6일 미국의 도널드 트럼프 대통령은 "무슨 소리인가? 예루살렘은 분명히 이스라엘의 수도이고 우리는 그 수도로 대사관을 옮길 것이다"라고 선언했다. 트럼프의 이런 용기와 결단이 그저 놀라울 뿐이다.

예루살렘의 성전산을 유대 역사와는 전혀 상관이 없고 오히려 이슬람의 문화유산이라고 결정한 곳이 바로 유네스코였다.

지금 세계는 유럽만이 아니라 지구촌 전체가 이렇게 반유대주의의 물결에 휩쓸리고 있다.


그렇다면 우리나라는 과연 반유대주의, 반이스라엘의 물결에서 자유로울까?

2017년, 이스라엘 국가 수립 70주년이 되는 날, 미국의 도널드 트럼프 대통령의 예루살렘 수도 선언 이후 이 선언을 반대하는 UN의 결의안에 회원 국가 193개 국가 중에서 미국과 캐나다, 마셜제도, 마이크로네시아, 이스라엘, 네이루라는 이름도 생소한 나라들만이 반대표를 던졌다.

하지만 우리나라는 대부분의 다른 나라들과 마찬가지로 '이스라엘은 예루살렘에서 당연히 나가야 한다'는 쪽으로 표를 던졌다.

그리고 미국의 도널드 트럼프 대통령이 이스라엘의 텔아비브에 있는 미국 대사관을 예루살렘으로 옮기겠다고 발표했을 때에도 한국 정부는 이에 반대했다.

미국의 도널드 트럼프 대통령이 예루살렘은 이스라엘의 수도라고 발표할 때 '나도 동의한다. 진작 그랬어야 할 일이다. 아무리 전 세계 국가들이 반대한다 해도 이건 분명히 성경에 기록된 변할 수 없는 진리이고 그것을 확인시키는 일이다' 이렇게 박수 치며 환영하는 교회와 목회자들이 얼마나 있었을까?

오히려 일부 기독교 언론에서는 미국의 도널드 트럼프 대통령의 선언은 본인이 미국 정치계에 닥친 개인적인 어려움을 다른 쪽으로 시선을 돌리려는 고도의 정치적 술수에 불과할 뿐이라고 폄하하는 기사들이 지면의 상당 부분을 차지했었다.

미국의 유대계 시민 단체인 ADL에서 지난 2015년 발표한 전 세계 국가들의 반유대주의 지수를 조사하여 발표한 적이 있었는데 이 통계에 의하면 우리나라의 반유대주의 지수는 53%였다.

대한민국 성인들 중에 여성은 48%, 남성은 58%로 나타났고 연령별로는 60대 이상이 가장 반유대주의가 높은 것으로 나타났다. 놀라운 것은 종교가 없거나 무신론자들은 반유대주의가 51%이고 불교신자들은 45%인데 그리스도인들의 반유대주의는 60%로 나타났다는 것이다.

같은 해 통계에 의하면 유럽의 영국은 12%, 프랑스는 37%이고 아시아 국가 중에선 일본이 23%, 중국이 20%인데 유독 우리나라만 53%로 나타난 것이다.

국가별 반유대주의 현황

| 한국 | 미국 | 영국 | 캐나다 | 중국 | 러시아 |
|---|---|---|---|---|---|
| 53% | 10% | 12% | 14% | 20% | 23% |
| 인도 | 이탈리아 | 일본 | 그리스 | 리비아 | 이집트 |
| 20% | 29% | 23% | 67% | 87% | 75% |
| 이란 | 이라크 | 요르단 | 레바논 | 오만 | 팔레스타인 |
| 60% | 92% | 82% | 78% | 76% | 93% |
| 사우디 | 터키 | 튀니지 | 예멘 | | |
| 74% | 71% | 86% | 88% | | |

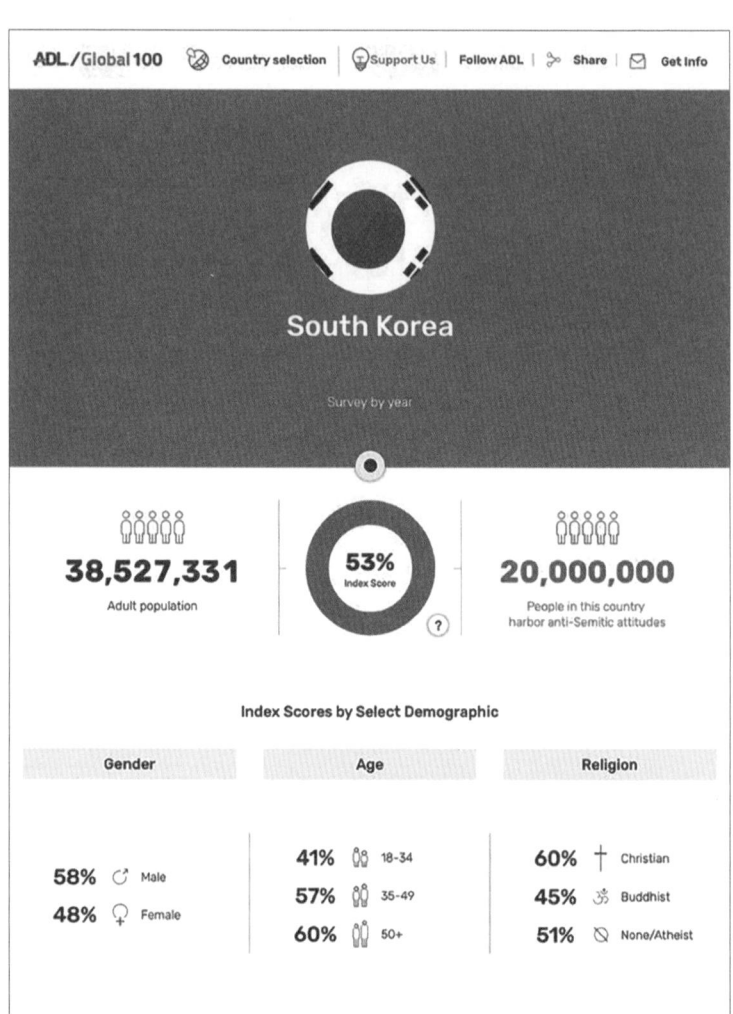

시편 122편을 보자.

"사람이 내게 말하기를 여호와의 집에 올라가자 할 때에 내가 기뻐하였도다 예루살렘아 우리 발이 네 성문 앞에 섰도다 예루살렘아 너는 잘 짜여진 성읍과 같이 건설되었도다 지파들 곧 여호와의 지파들이 여호와의 이름에 감사하려고 이스라엘의 전례대로 그리로 올라가는도다 거기에 심판의 보좌를 두셨으니 곧 다윗의 집의 보좌로다 예루살렘을 위하여 평안을 구하라 예루살렘을 사랑하는 자는 형통하리로다 네 성 안에는 평안이 있고 네 궁중에는 형통함이 있을지어다 내가 내 형제와 친구를 위하여 이제 말하리니 네 가운데에 평안이 있을지어다 여호와 우리 하나님의 집을 위하여 내가 너를 위하여 복을 구하리로다"

이렇게 성경에서는 예루살렘의 평안을 구하라고 했음에도 불구하고 대다수의 사람들은 이스라엘과 유대인들에 대해서 어떤 감정을 갖고 있을까?

예루살렘의 평안을 구하고 이스라엘을 축복할까?

대한민국은 반유대주의에서 자유로울 수 있을까? 절대

그렇지 않다.

유대 민족의 역사와 현대 이스라엘 국가에 대해서 평소에 깊은 관심도 없었으면서 이스라엘과 유대인에 대해 이유 없는 불신과 반감이 팽배해 있는 것은 대체 왜 그런 것인가?

도대체 이스라엘에서 어떤 나쁜 추억을 갖고 왔는지 아니면 유대인들로부터 어떤 나쁜 인식을 갖게 되었는지는 잘 모르겠지만 아니면 그럴 만한 기회가 분명히 있지도 않았을 텐데 한국인들의 유대인 혐오증이 얼마나 극심한지 모른다.

- 지금 유대인 새끼들 개극혐 나치랑 하는 짓이 똑같다
- 세계인의 악의 축 이스라엘 제발 망해 주라
- 이스라엘 놈 시키들 뒈지길 바란다
- 이 채널 이스라엘 지원으로 제작되는 거 맞죠? 부끄러운 줄 아세요
- 하나님이 있다면 제일 먼저 지옥에 가야 할 민족은 유대 족속들이다
- 이래서 유대인을 위한 가스실과 화덕이 필요한 것이다
- 역겨운 유대인 인류의 암 덩어리

- 아브라함 종자들의 끝없는 개지랄
- 말 같지도 않는 말하는 개똥 같은 종교도 아닌 것들
- 유대인은 사악하고 비열하고 거짓을 증거하는 족속들
- 홀로코스트는 존재하지도 않았다

미국에서 일어난 반유대주의자의 총격 사건이 보도로 알려졌을 때에도 우리나라의 인터넷 뉴스엔 댓글이 달리기 시작했다.

- 유대인들은 죽어야 마땅하지
- 유대인들은 자기들이 한 건 전혀 생각 안 나나 보지
- 참 잘했어요
- 히틀러 유대인 말살 정책 하나는 참 맘에 들었는데…
- 왜 유대인들이 죽어야 한다는 건지 유대인들은 생각해 봐야 할 듯

도저히 쓰기에도 읽기에도 민망할 정도의 끔찍한 글들이 인터넷에 도배되고 있으며 더 놀라운 것은 이 정도는 그야말로 아주 소소한 것들이라는 것이다.

이런 댓글이 결국 우리 국민들의 마음을 표현하는 것이

라면 하나님께서 얼마나 이 나라를 가슴 아프게 보실까.

도대체 한국 사람들이 어쩌다가 이렇게 반유대주의자가 되었고 반이스라엘주의자가 되었을까?

우리는 지금도 이스라엘과 유대 민족에 대한 뿌리 깊은 증오의 감정을 가지고 있다. 누군가를 증오하면서 산다는 것은 그 자체로 얼마나 힘든 일이며 정신적으로 피폐해지고 피곤한 일인가?

이제 우리는 증오의 마음을 거둬야 한다.

유럽에서 반유대주의가 일어나고 미국에서 반유대주의 사건이 일어난다고 해서 우리까지 그래서는 안 된다.

그야말로 애굽의 바로왕이 유대인을 모두 죽이려고 했던 것처럼 그리고 하만이 유대인들을 죽이려고 했던 것처럼 5백 년 전 마르틴 루터가 이 세상에 있는 모든 유대인들은 존재할 가치가 없다고 주장했던 것처럼 아돌프 히틀러가 모든 유대인들을 죄다 가스실로 쓸어 집어넣어 죽이라고 했던 것과 뭐가 다른가?

이래서는 안 된다.

이 마음은 절대로 하나님의 마음이 아니고 바로 사탄이 원하는 바이고 아주 오랫동안 치밀하게 준비해 온 사탄의 계략이다.

물론 우리나라는 분명히 강대국들의 눈치를 볼 수밖에 없는 상황이고 또 중동 산유국들의 눈치도 살펴야 한다. 그것은 어쩔 수 없는 우리의 처지이지만 그럼에도 불구하고 우리는 미국의 용기와 결단을 배워야 한다.

1948년 5월 14일 1878년 만에 이스라엘이 다시 건국되었을 때 전 세계 국가들이 산유국인 아랍 국가들의 눈치를 보며 아무도 박수 치지 않고 있을 때 미국의 33대 대통령이었던 해리 트루먼은 결코 누구의 눈치를 보거나 이해 관계에 얽매이지 않고 '아, 이것은 드디어 하나님이 약속을 성취하시는 일이구나'를 깨닫고 13분 만에 제일 먼저 이스라엘 건국을 승인했다.

2017년 11월 29일 UN이 이스라엘을 비방하는 6개의 결의안을 151개국의 동의로 통과시켰지만 미국의 도널드 트럼프 대통령은 그로부터 며칠 지나지 않아 "무슨 소리인가? 예루살렘은 이스라엘의 수도이다. 우리 미국의 대사관을 텔아비브에서 예루살렘으로 옮겨올 것이다" 이렇게 선언했다.

이런 미국을 바라보는 하나님의 마음이 어땠을까?

모두가 아니라고 할 때 하나님의 관점에서 예스라고 대

답하는 것, 모두가 맞는 일이라고 할 때 하나님의 관점에서 노라고 대답하는 것, 그것을 하나님이 원하실 것이다.

"예루살렘을 사랑하는 자는 형통하리로다"(시 122:6)

우리나라가, 우리 사회가, 우리 교회가, 우리 국민들이 이스라엘 편에 설 때, 그리고 예루살렘을 사랑할 때, 유대인들을 축복하고 그들이 예수님을 믿도록 기도할 때 하나님은 약속하셨다. 모든 것이 형통하게 될 것이다.

# 08

# 그럼에도 불구하고
# 예수님은
# 다시 오신다

그렇다면 사탄이 승리한 것일까?

지금까지의 상황을 보자면 사탄의 의도대로 모든 것이 착착 들어맞은 듯하다.

예수님의 부활 승천 이후로 콘스탄티누스의 주도하에 만들어진 새로운 종교 가톨릭에 의해 반유대주의가 전세계로 퍼져 나갔고 그 영향을 받은 십자군들은 십자가를 앞세워 수많은 유대인을 죽이는 데 앞장섰다.

그 덕분에 유대인들이 가톨릭교도와 십자가 그리고 예

수님에 대한 분노로 가득 차서 예수님이 하나님의 아들이며 우리의 구원자이자 메시아라는 사실을 절대로 인정하지 않게 하는 데 성공해 왔다.

그뿐만 아니라 사탄이 선택한 무함마드로 인해 유대인들을 지상 최고의 적으로 생각하는 이슬람 종교가 지금도 계속해서 전 세계로 퍼져 나가고 있다. 그로 인해 이슬람 종교를 믿는 무슬림들의 마음속에 반유대주의와 반이스라엘로 가득 차게 하는 데 꽤 많은 성공을 거두었다.

수많은 개신교인들이 존경하고 추앙하는 종교 개혁의 주인공 마르틴 루터가 외쳤던 반유대주 설교들이 4백 년이 지난 뒤에 아돌프 히틀러가 6백만 명이나 되는 엄청나게 많은 유대인을 학살하는 홀로코스트의 중요한 명분이 됨으로 오히려 유대인들에게 아돌프 히틀러보다 마르틴 루터를 더욱 원망하게 하는 데도 성공했다.

그래서 유대인들이 예수님을 하나님의 아들이며 우리를 구원하기 위해 오실 구원자이자 메시아라는 사실을 결코 인정할 수 없게 했을 뿐만 아니라 예수를 믿는 자들을 증오하고 세상에서 가장 더러운 이름이 '예슈아'라고 생각하게 하는 데 성공했다.

그 결과 유대인들이 '예슈아'라는 소리를 누군가로부터

듣게 되면 그 자리에서 침을 뱉고 재빨리 귀를 틀어막고 집으로 뛰어 들어가 귀를 물로 씻을 정도가 되었다.

이렇게 사탄은 유대인들의 입에서 예수님을 찬양하는 "찬송하리로다 주의 이름으로 오시는 이여(바룩하바 베쉠 아도나이)"라는 소리가 절대로 나오는 일이 없도록 수천 년 동안 철저하고 치밀하고 끈질기게 그 전략을 펼치며 시도해 왔으며 지금까지의 역사들을 보면 사탄의 이런 시도는 어느 정도 성공한 듯 보인다.

그렇다면 예수님은 다시 오시지 못하는 것일까?

아니면 예수님은 아예 처음부터 이루어질 수 없는 재림의 조건을 제시하신 것일까?

그것도 아니라면 예수님이 언젠가 다시 오실 것은 분명하지만 약 2천 년이 지난 현재의 시점도 아니고 아주 아주 먼 훗날의 일인데 지금 우리가 너무 성급하게 앞당겨 예수님의 재림에 관한 이야기를 꺼내는 것일까?

유대인들에게 예수님과 기독교와 십자가에 대한 분노가 이렇게도 차고 넘치는데 도대체 예수님은 다시 오시기는 할 것인가?

분명한 것은 창조주이신 하나님은 사탄의 이런 전략이 끝까지 성공하도록 내버려 두시는 무능력한 존재가 아니시다. 아무리 사탄이 오랜 세월 동안 반유대주의를 퍼트리며 유대인들을 향해 예수님에 대한 분노를 갖게 해 왔다 하더라도 하나님은 그분의 계획대로 그의 아들 예수님을 이 땅에 다시 보내실 것이다.

어떻게? 이토록 유대인들이 예수님과 기독교에 대해 분노의 감정을 가지고 있는데?

2009년 9월 20일, 예루살렘에서 멀리 떨어지지 않은 기럇 여아림Kiriath Jearim, 그 옛날 법궤가 잠시 머물렀다는 장소의 숲속에 새벽부터 사람들이 몰려들기 시작했다. 그들 중에는 선글라스를 끼고 기쁜 표정으로 들어오는 젊은이들부터 어린 아기를 태운 유모차를 밀고 들어오는 젊은 부부도 있었고 지팡이를 짚은 노인도 있었으며 배가 부른 임산부도 있었다.

그들은 오랜만에 만나는 가족들처럼 서로의 얼굴을 알아보고 반갑게 포옹을 하며 인사를 하기도 하고 또 어떤 사람들은 만나자마자 서로의 손을 움켜쥐고 기도부터 하는 사람들도 있었다. 신발을 벗고 맨발로 덩실덩실 춤을 추는 사람도 있었고 또 깃발을 흔들며 찬양을 하는 사람들도 있었다. 그렇게 모인 사람들의 숫자는 대략 8백여 명에 가까

기럇 여아림에 모인 메시아닉 쥬

웠다.

이들은 대체 누구일까?

그동안 각자의 자리에서 남몰래 예수님을 믿고 찬양을 하며 기도를 하던 사람들이 이스라엘 건국 이후 처음으로 한 자리에 모여 예수님을 찬양하고 기도하는 자리를 마련하고 모여든 이스라엘의 예수님을 믿는 유대인, 즉 메시아닉 쥬Messianic Jew들이었다.

1948년 5월 14일 하나님의 예언대로 나라를 잃은 지 1878년 만에 이스라엘은 다시 건국됐지만 이때만 해도 이스라엘에서 예수님을 믿는 메시아닉 쥬의 숫자는 30명도 안 되었다고 한다.

하지만 30년 뒤에 그 숫자는 열 배인 3백여 명으로 늘어났고 또 다시 30년 뒤에는 약 3만 명 정도로 늘어났다고 한다. 현재 이스라엘에는 예수님을 믿는 유대인들이 모여서 함께 찬양하고 기도하는 공동체들이 약 3백여 개로 늘어났다고 한다.

그 모임을 준비하던 한 지도자가 모임에 대해 소개를 했다.

"주님은 우리 목사들에게 한 가지 소망을 심으셨어요. 이스라엘 현지에 있는 목사들이 함께 모여서 한 날을 정해

함께 예배드리고 이스라엘을 위해 기도하라는 것입니다. 모두가 이것은 주님께로부터 온 것이라는 것을 알았어요. 그래서 우리는 함께 모여 금식하며 기도하면서 오늘 모임을 준비한 것입니다.

이스라엘의 예수님을 믿는 성도들이 한 목적으로 다같이 모인 집회는 이번이 처음입니다."

그렇다. A.D. 70년에 로마에 의해 멸망한 이후 2천 년 만에 다시 세워진 이스라엘 국가에서 처음으로 메시아닉 쥬들이 한자리에 모여 기도회가 열리는 순간이었다.

그리고 그들은 그 누구에게도 방해받지 않는 숲속에서 두 손을 높이 들고 푸른 하늘을 바라보며 한 목소리로 외치기 시작했다.

"제콜 이스라엘, 이바샤 바룩하바 베쉠 아도나이 메렉 이스라엘 예슈아!"

"온 이스라엘은 구원을 얻으리라 찬송하리로다 주의 이름으로 오시는 이여 이스라엘 왕 예슈아!"

예수님을 믿는 8백여 명의 유대인이 한 목소리로 하늘을 향해 외치는 그 순간 그들의 외침은 그야말로 지구상 그 어디에서도 들을 수 없는 유대인들의 다시 오실 예수님을 환영하는 놀라운 외침이었다.

예수님께서 마태복음 23장에서 말씀하셨던 '찬송하리로다 주의 이름으로 오시는 이여'의 그 말씀이 그대로 현실로 실현되는 순간이었다.

이렇게 예수님과 십자가와 기독교에 대해서 극도의 반감을 갖고 있는 이스라엘의 유대인들 속에서 예수님을 찬양하는 사람들이 늘어나고 그들이 마침내 한자리에 모여 이렇게 외치는 현상에 대해서 그들은 '그 옛날 여리고성이 무너지고 홍해가 갈라지는 것보다 더 큰 기적이 이스라엘에서 일어나고 있다'고 이야기하며 감격스러워했다.

2009년 9월에 있었던 이 놀라운 사건 이후 지금까지 이

바룩하바를 외치는 메시아닉 쥬

스라엘 전국에서는 예수님을 믿는 메시아닉 쥬들이 크고 작은 모임을 통해 '바룩하바 베쉠 아도나이'를 외치고 있다.

사탄은 비록 여러 인물을 통해 전 세계 사람들의 마음속에 반유대주의를 심으며 유대인들이 절대로 예수님을 믿지 못하게 하고 그들의 입에서 '바룩하바 베쉠 아도나이' 소리가 외쳐지지 않게 하려고 부단히도 노력해 왔지만 하나님의 계획 안에서 그 모든 시도는 실패의 길을 가고 있다.

마침내 사탄의 반유대주의 전략은 실패하고 하나님이 승리하실 것이다.

하나님께선 분명히 창세기 12장에서 아브라함에게 말씀하신다.

> "너를 축복하는 자에게는 내가 복을 내리고 너를 저주하는 자에게는 내가 저주하리니…"

우리는 이스라엘을 위해 기도하고 축복해야 한다.

반유대주의 테러에 희생당한 유대인들을 위로해 주어야 한다.

어서 빨리 한국 사회와 국민들에게 물들어 있는 반유대주의 생각들을 사라지게 해 달라고 기도해야 한다.

우리나라는 국가와 사회가 가정이 모두 혼란 속에 있고 이 세상에 등불이 되어야 할 교회가 사회로부터 지탄을 받고 있다. 하지만,

    이스라엘을 축복할 때 국가가 회복되고

    이스라엘을 축복할 때 사회가 회복되고

    이스라엘을 축복할 때 교회가 회복되며

    이스라엘을 축복할 때 가정이 회복될 것이다.

그리고 결국 예수님은 영광스러운 모습으로 다시 오실 것이다.

## 참고문헌

- 가톨릭의 역사 한스킹 / 을유문화사 / 2014
- 교황의 역사 / 맥스웰 스튜어트 / 갑인공방 / 2005
- 십자군 이야기 / 시오노 나나미 / 문학동네 / 2011
- 신의 대리인 / 시오노 나나미 / 한길사 / 1996
- 이슬람제국 / 류광철 / 말글빛냄 / 2018
- 중동 테러리즘 / 홍준범 / 청하출판사 / 2015
- 숙명의 트라이앵글 / 노암 촘스키 / 이후 / 2001
- 유대민족의 비극적 역사와 교회 / 마이클 브라운 / 한사랑 / 2008
- 증오의 세계화 / 데니스 맥셰인 / 글항아리 / 2016
- 문명으로 읽는 종교이야기 / 홍익희 / 행성B / 2019
- 콘스탄티누스 황제와 기독교 / 김경현 / 세창출판사 / 2017
- 독일사 산책 / 닐 맥그리거 / 옥당 / 2016
- 마틴 루터 / 라인하르트 슈바르츠 / 한국신학연구소 / 2010
- 마르틴 루터, 한 인간의 운명 / 뤼시앵 패브르 / 이른비 / 2019
- 다시 써야 하는 세계 기독교사 / 심정혁 / e-좋은 / 2005

김종철 감독의 이스라엘 바로 알기 시리즈 2
# 반유대주의와 마지막 때

**초판 발행** 2021년 3월 10일
**1판 2쇄** 2024년 7월 1일

**지은이** 김종철

**발행인** 이금선
**발행처** 브래드북스
**편집** 신승의
**디자인** 김다은

**출판등록** 2011년 5월 13일 (신고번호 제2011-000085호)
**주소** 경기도 고양시 일산동구 백마로 502번길 116-18 브래드TV
**전화** 031-926-2722
**홈페이지** www.bradtv.net
**이메일** bradfilm123@gmail.com

**ISBN** 979-11-973024-1-1(03230)

이 책의 저작권은 저자에게 있으며 판권은 브래드북스에 있습니다.
이 책은 저작권법에 의하여 보호를 받는 저작물이므로 무단 전재와 무단 복제를 금합니다.